Manual que acompaña
¿Qué te parece?
INTERMEDIATE SPANISH

D1611474

Manual que acompaña
¿Qué te parece?
INTERMEDIATE SPANISH
Second Edition

SEGUNDA PARTE

James F. Lee
Indiana University, Bloomington

Rodney Bransdorfer
Central Washington University

Dolly Jesusita Young
University of Tennessee

Darlene F. Wolf (late)
University of Alabama

Paul Michael Chandler
University of Hawai'i at Manoa

Boston   Burr Ridge, IL   Dubuque, IA   Madison, WI   New York   San Francisco   St. Louis
Bangkok   Bogotá   Caracas   Lisbon   London   Madrid
Mexico City   Milan   New Delhi   Seoul   Singapore   Sydney   Taipei   Toronto

McGraw-Hill

A Division of The **McGraw·Hill** *Companies*

This is an  book.

Manual que acompaña ¿Qué te parece? Intermediate Spanish
Segunda parte

1 2 3 4 5 6 7 8 9   QPD   QPD   9 0 9 8 7 6 5 4 3 2 1 0

ISBN 0-07-230862-1

Vice president/Editor-in-chief: *Thalia Dorwick*
Executive editor: *William R. Glass*
Senior development editor: *Scott Tinetti*
Development editor: *Ina Cumpiano*
Senior marketing manager: *Karen W. Black*
Project manager: *David Sutton*
Senior production manager: *Richard DeVitto*
Compositor: *Linda McPhee-Smith*
Typeface: *Palatino*
Printer: *Quebecor Printing*

Grateful acknowledgment is made for the use of the following material:
Page 16 Cristina; 46 La Raza, Chicago; *68 Muy Interesante; 138 ¡Exito!; 175 Muy Interesante;
185* Courtesy Ford Motor Company; *186 upper* ® Chef Merito, Incorporated all rights
reserved ©, *lower* Reprinted with permission of General Mills, Inc.; *187 upper* Electropura,
lower Quaker Mexico/Gatorade.

http://www.mhhe.com

Contents

●●●

Note to Students   *vii*
About the Authors   *ix*

Unidad 4: La televisión   *1*
Lección 13: La televisión en nuestra sociedad   *1*
   Ideas para explorar: ¿Por qué ves la televisión?   *1*
      Object Pronouns (Part 1)   *3*
      Object Pronouns (Part 2)   *12*
   Ideas para explorar: La programación   *19*
      Present Subjunctive in Evaluative Statements *21*
   Ideas para explorar: La televisión y los niños   *29*
      Subjunctive of Interdependence (Adverbial Conjunctions) *30*
Lección 14: La programación   *41*
   Ideas para explorar: Las imágenes presentadas en la televisión *41*
      The pronoun **se**   *43*
   Ideas para explorar: Los avances tecnológicos televisivos   *51*
      Conditional Tense   *53*
   Ideas para explorar: La identidad nacional   *63*
      Contrary-to-Fact Statements   *64*
Lección 15: Literatura y arte   *73*
Lección 16: Resumen y repaso   *79*
Examen de práctica   *93*

Unidad 5: La libertad y la falta de libertad   *99*
Lección 17: La libertad, la censura y la iglesia y la política   *99*
   Ideas para explorar: La libertad   *99*
      Review of the Conditional   *101*
   Ideas para explorar: La censura   *107*
      Review of the Subjunctive in Adjectival Clauses *108*
   Ideas para explorar: La iglesia y la política   *115*
      Review of the Preterite and Imperfect   *117*
Lección 18: El sexismo, el racismo y los derechos humanos   *125*
   Ideas para explorar: El sexismo   *125*
      Review of the Subjunctive in Noun Clauses   *126*
   Ideas para explorar: El racismo   *135*
      Verbs That Take Specific Prepositions   *136*
   Ideas para explorar: Los derechos humanos   *143*
      Review of the Impersonal and Passive **se** *144*
Lección 19: Literatura y arte   *151*
Lección 20: Resumen y repaso   *157*
Examen de práctica   *165*

Unidad 6: Perspectivas e imágenes culturales   171

Lección 21: Imágenes culturales   171

    Ideas para explorar: Ascendencia e identidad   171

        Pronominalized Definite Articles   172

    Ideas para explorar: Los estereotipos   180

        Review of Object Pronouns   181

    Ideas para explorar: Símbolos e imágenes   192

        Review of Preterite   193

Lección 22: Perspectivas culturales   201

    Ideas para explorar: Tres grandes civilizaciones indígenas   201

        Pluperfect (**Pluscuamperfecto**)   203

    Ideas para explorar: Perspectivas desde el Sur   209

        Review of Conditional + Past Subjunctive in *if* Clauses 211

    Ideas para explorar: El contacto entre culturas   220

        Future of Probability   222

Lección 23: Literatura y arte   229

Lección 24: Resumen y repaso   233

Examen de práctica   239

Answer Key   245

Note to Students

••

This is the first volume (*Segunda parte*) of the *Manual que acompaña ¿Qué te parece?* It contains grammar explanations, exercises and activities, and other materials related to the last three units of the student text. As you work through the materials in the *Manual*, keep the following points in mind.

Organization of the First and Second Lessons of Each Unit

- As in the main text, **Ideas para explorar** is the main unit of organization in the *Manual*.
- The words presented in **Vocabulario del tema** sections are defined in the *Manual* and then practiced through a set of **Ejercicios.** It is recommended that you complete these exercises before doing the **Ideas para explorar** activities in the main text.
- Each **Nota lingüística** in the main text is reintroduced and expanded in the *Manual*. Each is accompanied by 1) a set of **Prácticas** that will help you focus on listening for grammar-specific issues and 2) a set of **Ejercicios** that practice the forms and functions of the grammar presented. You can do these **Prácticas** and **Ejercicios** before coming to class or after you have gone over the **Nota lingüística** in class. Answers to the **Práctica** sections are given on the audio program. Answers to exercises preceded by an asterisk (*) are included in the Answer Key in the back of the *Manual*.
- Finally, at the end of each **Ideas para explorar** section, there is a set of **Actividades optativas (de vocabulario y gramática).** These open-ended activities provide you with the opportunity to use vocabulary and grammar to communicate information about various aspects of the **Ideas para explorar** theme. We suggest that you complete all of the activities, whether your instructor assigns them or not, in order to gain further practice in the material or as a way to study for exams.

Organization of the Third Lesson of Each Unit

- The words presented in **Vocabulario útil** sections, contained in the literary reading, are defined and then practiced through a set of **Ejercicios.**
- In **Segunda exploración,** you will work with a set of activities that relate to the reading in the main text. These activities are a useful way to guide your out-of-class reading of the literary work.
- Each literary work from the main text may be heard on the *Audio Program to accompany ¿Qué te parece?* We encourage you to listen to the recording of the literary piece as you read. You may find it convenient to purchase your own set of cassettes or CDs for this purpose. Ask your instructor for information on how to obtain them.

Organization of the *Repaso* (Fourth) Lesson of Each Unit

- Unlike the **Repaso** lesson of each unit in the main text, the corresponding lesson in the *Manual* has no follow-up composition activities. Instead, this lesson provides a reference/summary of the vocabulary and grammar presented in the first two lessons of each unit. Grammar points are cross-referenced with the corresponding lesson and *Manual* page numbers on which more detailed explanations may be found.
- Also included is a set of open-ended **Repaso de las lecciones previas** activities that recycle and review grammar from previous lessons.

Examen de práctica

After the fourth lesson of every unit, there is an **Examen de práctica** that you may complete to test yourself on vocabulary, grammar, and the literary piece from the unit. Answers are on the audio program and in the Answer Key.

About the Authors

James F. Lee is Associate Professor of Spanish, Director of Language Instruction, and Director of the Programs in Hispanic Linguistics in the Department of Spanish and Portuguese at Indiana University. His research interests lie in the areas of second-language reading comprehension, input processing, and exploring the relationship between the two. His research papers have appeared in a number of scholarly journals and publications. His previous publications include *Making Communicative Language Teaching Happen* (1995, McGraw-Hill) and several co-edited volumes, including *Multiple Perspectives on Form and Meaning,* the 1999 volume of the American Association of University Supervisors and Coordinators. Dr. Lee is also the author of *Tasks and Communicating in Language Classrooms* (2000, McGraw-Hill). He has also co-authored several textbooks, including *¿Sabías que... ? Beginning Spanish* (2000, McGraw-Hill) and *Ideas: Lecturas, estrategias, actividades y composiciones* (1994, McGraw-Hill). He and Bill VanPatten are series editors for The McGraw-Hill Second Language Professional Series.

Rodney Bransdorfer received his Ph.D. in 1991 in Spanish Linguistics and Second Language Acquisition from the University of Illinois at Urbana-Champaign. He has taught at Purdue University, the University of Illinois at Chicago, and Gustavus Adolphus College. He is currently Assistant Professor of Spanish at Central Washington University, where he has taught since 1995. He has presented papers at national conferences such as AATSP and AAAL. In addition to his work on the first edition of the *Manual que acompaña ¿Qué te parece?,* he also authored the instructor's annotations for *Nuevos Destinos: Spanish in Review* (1998, McGraw-Hill) and co-authored the instructor's annotations for *Destinos: Alternate Edition* (1997, McGraw-Hill).

Dolly Jesusita Young is Associate Professor of Spanish in the Department of Romance Languages at the University of Tennessee, where she supervises the first- and second-year Spanish programs and provides teacher training for graduate students. She received her Ph.D. in Foreign Language Education from the University of Texas at Austin in 1985. She has published widely in the areas of language anxiety and foreign language reading. She co-edited the first language anxiety volume *Language Anxiety: From Theory and Research to Classroom Implications,* with Dr. Elaine K. Horwitz, and co-wrote a supplementary Spanish reader, *Esquemas,* with the late Darlene F. Wolf. More recently she published a volume in The McGraw-Hill Second Language Professional Series titled *Affect in Foreign Language and Second Language Learning: A Practical Guide to Creating a Low-Anxiety Classroom Atmosphere* (1999).

Darlene F. Wolf was, at the time of her death, Assistant Professor of Spanish in the Department of Romance Languages at the University of Alabama, where she served as the Director of first-year Spanish and was responsible for the training of graduate teaching assistants. She taught a range of undergraduate and graduate courses in Spanish linguistics and applied linguistics. She received her Ph.D. in Spanish Applied Linguistics at the University of Illinois in 1991, specializing in second-language reading research. She published several articles in this area. She co-authored, along with Dolly Jesusita Young, *Esquemas,* a supplementary Spanish reader, as well as other textbooks on developing reading strategies in various languages.

Paul Michael Chandler is Associate Professor of Spanish and Coordinator of first-year Spanish at the University of Hawai'i at Manoa. He teaches Spanish and Portuguese languages, teaching methodology, historical Spanish language, and Hispanic literature; he is also responsible for teacher training. He received his Ph.D. in 1992 from Indiana University in Bloomington, where he served as course coordinator. Before joining the faculty at Hawai'i, he was the Applied Linguist/Methodologist at San Jose State University in California, where he taught courses in language, phonetics, linguistics, and teaching methodology. He has edited the proceedings of the Hawai'i Association of Language Teachers conference and is co-author of a conversation/composition text, *Con destino a la comunicación: Oral and Written Expression in Spanish* (1998, McGraw-Hill).

UNIDAD 4

LA TELEVISIÓN

LECCIÓN 13

LA TELEVISIÓN EN NUESTRA SOCIEDAD

IDEAS PARA EXPLORAR ¿Por qué ves la televisión?

Vocabulario del tema

VERBOS
animar   darle a alguien energía moral; impulsar
distraer   desviar la atención; divertir
educar   instruir; enseñar
emocionar   causar emoción
entretener   divertir a otra persona
escapar   huir; evadir
estimular   activar; incitar a hacer algo
informar   poner en conocimiento; dar noticia de una cosa
inspirar   inculcar; hacer nacer en la mente ideas, afectos, etcétera

SUSTANTIVO
el/la televidente   persona que ve la televisión

ADJETIVO
televisivo/a   se refiere a cualquier cosa asociada con la televisión

Ejercicios escritos

EJERCICIO 1   Palabras clave
Repasa las definiciones de las siguientes palabras asociadas con la televisión. Para cada una, escoge dos palabras o frases clave que te ayuden a recordar su significado.

MODELO: informar → a. conocimiento   b. dar noticia

1.   inspirar   a. _____   b. _____
2.   animar   a. _____   b. _____
3.   estimular   a. _____   b. _____
4.   escapar   a. _____   b. _____
5.   distraer   a. _____   b. _____

6. educar   a. _____   b. _____

7. emocionar   a. _____   b. _____

*EJERCICIO 2   ¿Cierto o falso?

Escucha las afirmaciones e indica si son ciertas (C) o falsas (F).

> MODELO: (oyes)   Los programas del canal PBS sirven para educar al televidente.
>   (escoges)   CIERTO ☑   FALSO ☐

	C	F			C	F
1.	☐	☐		4.	☐	☐
2.	☐	☐		5.	☐	☐
3.	☐	☐		6.	☐	☐

*EJERCICIO 3   Asociaciones

Lee la lista de palabras a continuación. Luego, indica tu respuesta a cada pregunta que oyes con el número de esa pregunta. ¡OJO! Habrá una palabra o frase de la lista que no se asocia con ninguna pregunta.

> MODELO: (oyes)   1. ¿Con qué palabra o frase asocias impulsar y energía moral?
>   (escribes)   _1_ animar

a. _____ emocionar   e. _____ escapar

b. _____ educar   f. _____ estimular

c. _____ entretener   g. _____ distraer

d. _____ inspirar

*EJERCICIO 4   Carta al editor

Escribe en cada espacio en blanco la palabra apropiada según el contexto.

| inspiran | distrae | educan |
| estimulan | televidentes | escape |

Señor Director:

El fin de esta carta es manifestar mi oposición a la ley que propone que se cancele el canal educativo.

Nuestra familia obtiene varios beneficios de los programas, que se ofrece gratis al público. Por

ejemplo, los programas sobre la naturaleza _____[1] la creatividad de mi hijo

menor, quien se entusiasma con ellos. Los programas sobre medicina _____[2] a mi

hijo mayor, que quiere ser médico. Aprende mucho de ellos. A mi hija menor, el programa de Doña

Etiqueta le enseña a comportarse mejor. Como muchos _____[3], yo puedo

comprobar que estos programas me _____[4] a explorar otros horizontes. Es verdad

que ver la televisión en exceso nos _____[5] y nos quita mucho tiempo. También es

un _____[6] de las realidades de la vida. Sin embargo, pienso que, en general, no

hay peligro en verla con moderación.

Un televidente

Gramática

OBJECT PRONOUNS (PART 1)

«*El que de su casa se aleja, no **la** halla como **la** deja.*»*

I. Direct Object Pronouns

A. Forms

me	*me*
te	*you (s. fam.)*
lo	*him / it / you (s. pol. m.)*
la	*her / it / you (s. pol. f.)*
nos	*us*
os	*you (pl. fam.)*
los	*them (m. or m. and f.) / you (pl. pol. m. or m. and f.)*
las	*them (f.) / you (pl. pol. f.)*

Direct object pronouns agree in gender, number, and person with the direct object nouns they replace. Direct object pronouns usually come before a conjugated verb.

Lo veo. — *I see it.*
La conozco. — *I know her.*

When direct object pronouns appear in a clause with a conjugated verb followed by an infinitive, they may be placed either before the conjugated verb or attached to the end of the infinitive.

Lo quiero ver. (Quiero ver**lo**.) — *I want to see it.*

Similarly, when a direct object pronoun is used in a clause with **estar** and a present participle, it may come before **estar** or it may be attached to the end of the present participle. Note that an accent must be added to the participle to maintain the original stress.

Lo está preparando. (Está preparándo**lo**.) — *He is preparing it.*

B. Functions

1. Direct objects indicate who or what receives the action of a verb. Direct object pronouns replace a direct object noun that has already been referred to. They may also serve as the only reference to an object, especially when referring to people if the reference is clear from context (for example, with **me, te,** and **nos**).

—¿Ves **el coche rojo** allá? — *—Do you see the red car over there?*
—Sí, **lo** veo. — *—Yes, I see it.*

Las cartas ya están listas. ¿Dónde **las** pongo? — *The letters are ready. Where shall I put them?*

¿**Me** puedes llevar a la tienda? (¿Puedes llevar**me** a la tienda?) — *Can you take me to the store?*

---

*"You can't go home again." (Lit: Once one leaves home, it's never again as one left it.)

Roberto **nos** invitó a cenar mañana en su casa.	*Roberto invited us to dinner at his house tomorrow.*
—¿Vas a arreglar mi **bicicleta** hoy?	*—Are you going to fix my bicycle today?*
—Sí, **la** estoy arreglando ahora. (Sí, estoy arreglándo**la** ahora.)	*—Yes, I'm fixing it now.*

2. The direct object pronoun **lo** may be used to replace an entire phrase. The English equivalent would be *it* used as a direct object.

No sé **cuando empieza el partido de fútbol** pero Juan **lo** sabe.	*I don't know when the soccer game starts but Juan knows (it).*
—**El Museo del Prado está en Madrid.**	*—The Prado museum is in Madrid.*
—Sí, **lo** sé.	*—Yes, I know (it).*
—Creo que **es importante estudiar otra lengua.**	*—I think that it's important to study another language.*
—Sí, yo **lo** creo también.	*—Yes, I believe it too.*

¡OJO!

It as a subject in English does not have a Spanish equivalent. **Lo** is the equivalent of *it* only as a direct object.

| *It's raining.* | Llueve. |
| *It's an excellent movie.* | Es una película excelente. |

🎧 Práctica de escuchar

PRÁCTICA   Interpreting Direct Object Pronouns
Match the sentence you hear with the corresponding picture. The answers are given on the audio program.

ESTRATEGIA PARA ESCUCHAR

Spanish and English word order differs in a number of ways. English places object pronouns after the conjugated verb, but Spanish tends to place them in front of it. English subjects precede the verb, but Spanish word order is more flexible and, since the verb ending makes clear who or what the subject is, a sentence often has no stated subject. Due to these word order differences, many language learners try to interpret object pronouns in Spanish as the subject of the sentence. You will practice correctly interpreting sentences containing object pronouns. For example, **Lo ve María** means that María sees *him* and not that *he* sees María.

MODELO: (oyes)   La saludan los parientes.

(indicas)   a.

b.

1. a.

b.

2. a.

b.

3. a.

b.

4. a.    b.

5. a.    b.

6. a.    b.

Ejercicios escritos

*EJERCICIO 1   Identifying the Direct Object

Circle the direct object pronouns in the following sentences. Then draw an arrow to the noun that the pronoun is referring to.

> MODELO: Ya compré los boletos para el vuelo. (Los) voy a poner en la mesa.

1. Raúl llevó los muebles a la casa de Francisco y luego los llevó a su oficina.

2. Marqué en el calendario todos los cumpleaños de mi familia. Luego, lo puse en mi escritorio.

3. El museo de arte adquirió muchas nuevas pinturas. Van a ponerlas en el salón grande.

4. Ese chiste es muy viejo. Ya lo contaste mil veces.

5. Un hombre robó la tienda de licores y ahora la policía lo busca.

6. Mucha gente pide vino con la comida pero Gloria no lo pide nunca.

7. Son las ocho y Esteban y Julia deben estar aquí. ¿Los llamaste por teléfono?

8. ¿Conoces a las hijas de don Manuel? Las veo todos los días en el mercado.

9. ¡Pobre Enrique! Ganó mucho dinero en la lotería pero lo perdió todo en un juego de cartas.

10. —¿Escribiste la tarea para la clase de historia? —No, tengo que escribirla esta noche.

*EJERCICIO 2   Choosing Direct Object Pronouns

Choose what you would do in each of the following situations. Use context and the direct object pronoun to determine your answer.

MODELO: El profesor habla en la clase. →
   (a.) Lo escucho atentamente.   b.   La escucho atentamente.

1. Una amiga te deja un mensaje telefónico.
   a.   Lo llamo luego.   b.   La llamo luego.

2. No sabes dónde están las llaves de la casa.
   a.   Los busco por toda la casa.   b.   Las busco por toda la casa.

3. Te dan una multa de estacionamiento.
   a.   La pago inmediatamente.   b.   Lo pago inmediatamente.

4. El despertador no funciona.
   a.   La tiro contra la pared.   b.   Lo tiro contra la pared.

5. Recibes dinero de un pariente.
   a.   La gasto en el centro comercial.   b.   Lo gasto en el centro comercial.

6. Se le desinfla un pneumático a tu coche.
   a.   Lo cambio por otro.   b.   La cambio por otro.

7. Tienes un libro de texto que ya no usas.
   a.   Lo vendo en la librería.   b.   La vendo en la librería.

8. Encuentras comida podrida (rotten) en el refrigerador.
   a.   Lo tiro en la basura.   b.   La tiro en la basura.

9. Compras un aparato eléctrico que no funciona.
   a.   Lo devuelvo a la tienda.   b.   La devuelvo a la tienda.

10. Cocinas la lasaña y sólo comes un poco.
   a.   Lo guardo en la heladera.   b.   La guardo en la heladera.

*EJERCICIO 3   The Object Pronoun lo

Read the following minidialogues. Underline the part of the first sentence that the **lo** in the second sentence refers back to.

MODELO: PERSONA A: Pedro dice que él no viene a la reunión esta tarde.
          PERSONA B: Ya lo sabía.

1. PERSONA A: ¿Has oído decir que el gobierno va a cambiar las leyes sobre las armas?

   PERSONA B: No lo creo.

2.   PERSONA A: Jaime dijo que el profesor Nochebuena es el más exigente de todos.

       PERSONA B: Yo lo dudo.

3.   PERSONA A: Yo pensaba que Cristina era peruana pero no lo es.

       PERSONA B: Yo así lo creía también.

4.   PERSONA A: Francisca cree que tendremos que cambiar nuestros hábitos y no tirar a la basura objetos reciclables.

       PERSONA B: Yo lo creo también.

5.   PERSONA A: El sistema de administración aquí es deficiente.

       PERSONA B: Ya lo sé.

Actividades optativas de vocabulario y gramática

ACTIVIDAD A   Con tus propias palabras

Escribe una oración en que usas las siguientes palabras o frases para relatar algo verdadero para ti.

> MODELO: inspirar →
> Ver un partido emocionante entre Venus Williams y Lindsay Davenport me inspira a jugar al tenis.

1. televisivo _____

   _____

2. distraer _____

   _____

3. escapar _____

   _____

4. entretener _____

   _____

5. emocionar _____

   _____

6. educar _____

   _____

7. animar _____

   _____

8. televidente _____

   _____

ACTIVIDAD B   ¿Estás de acuerdo?
Indica si estás de acuerdo o no con las ideas expresadas en cada oración. Luego, explica tus razones.

1. ¿Cómo puede la televisión distraernos de los problemas cuando la televisión misma es uno de los problemas?

   _____

   _____

2. Las imágenes negativas que se presentan en la televisión estimulan la violencia.

   _____

   _____

3. Más que cualquier otro medio de comunicación, la televisión es el medio que informa al mayor número de personas.

   _____

   _____

4. Me divierte más ver la televisión que leer un libro o ir al cine.

   _____

   _____

5. La televisión tiene la obligación de educar e informar al público.

   _____

   _____

6. Creo que soy teleadicto/a.

   _____

   _____

ACTIVIDAD C   Expansión léxica
Busca en el diccionario las otras formas de las siguientes palabras.

   v. = verbo   **s.** = sustantivo   **adj.** = adjetivo

1. distraer   s. _____

                     adj. _____

2. educar   s. _____

                     adj. _____

3. entretener   s. _____

                     adj. _____

4. emocionar   s. _____

                     adj. _____

5. animar   s. _____

                     adj. _____

6. informar   s. _____

                             adj. _____

7. inspirar   s. _____

                             adj. _____

8. estimular   s. _____

                             adj. _____

ACTIVIDAD D   Los medios de comunicación   (Direct Objects)

Contesta las siguientes preguntas con respuestas verdaderas para ti. Usa los pronombres de complemento directo para evitar la repetición.

> MODELO: ¿Prefieres comprar los libros nuevos o de segunda mano? →
> *Los* prefiero comprar de segunda mano porque cuestan menos. (Prefiero comprar*los* de segunda mano porque cuestan menos.)

1. ¿Usas las computadoras con frecuencia?

    _____

2. ¿Lees las noticias en el periódico o miras las noticias en la televisión?

    _____

3. ¿Alquilas las películas en vídeo?

    _____

4. ¿Compras las revistas sobre la moda?

    _____

5. ¿Miras los programas de deportes en la televisión?

    _____

6. ¿Escribes la tarea a máquina o a mano?

    _____

7. ¿Escuchas la radio con frecuencia?

    _____

8. ¿Ves los vídeos musicales en MTV?

    _____

9. ¿Lees los libros de ciencia ficción?

    _____

ACTIVIDAD E   Los anuncios publicitarios   (Direct Objects)

Paso 1   Busca el pronombre **la** en los dos anuncios comerciales que aparecen en la siguiente página. ¿A qué se refiere este pronombre?

Los que saben la prefieren.

BONAFONT...
Agua pura natural para beber.
¡ E s   S a l u d !

«¡Yo la conseguí!»

AHORA PUEDE OBTENER SU TARJETA CITIBANK VISA SI TIENE UN HISTORIAL DE CRÉDITO O NO.

---

1. En el anuncio para Bonafont, **la** se refiere a…
   a. la salud.
   b. el agua.
   c. la botella.

2. En el anuncio para Citibank, **la** se refiere a…
   a. el crédito.
   b. Citibank.
   c. la tarjeta.

Paso 2   Ahora lee los anuncios que aparecen abajo. Escribe un anuncio publicitario para dos de los siguientes productos o servicios. Usa un pronombre de complemento directo como en los anuncios del Paso 1.

- MicheLager
- Mega Pizza

- Mecánica Popular
- Flores de Gazebo

¡QUÉ FÁCIL ES ORDENAR SUS REGALOS POR TELÉFONO!
Las flores de **Gazebo**

MICHELADA
Ahora es...
MicheLager®
La Bebida más Refrescante

LA REVISTA PARA EL COMPRADOR SELECTIVO
Lea cada mes
Mecánica Popular

La **MEGA PIZZA**
La pizza
MÁS GRANDE
de México

OBJECT PRONOUNS (PART 2)

*«A quien **le** venga el guante, que **se** lo plante.»**

II. Indirect Object Pronouns

A. Forms

me	*to/for me*
te	*to/for you (s. fam.)*
le	*to/for him / her / it / you (s. pol.)*
nos	*to/for us*
os	*to/for you (pl. fam. Sp.)*
les	*to/for them / you (pl. pol.)*

Indirect object pronouns agree in number and person with the object nouns they replace. Indirect object pronouns usually come before a conjugated verb.

Le dije la verdad.   *I told him the truth.*

They can come before a conjugated verb followed by an infinitive or they can be attached to the end of the infinitive.

Les voy a escribir una carta. (Voy a escribir**les** una carta.)   *I'm going to write them a letter.*

Similarly, indirect object pronouns can come before **estar** in a progressive tense or can be attached to the end of the present participle. Note that an accent must be added to the participle to maintain the original stress.

Nos está mostrando la casa. (Está mostrándo**nos** la casa.)   *She is showing us the house.*

B. Functions

1. Indirect objects indicate to whom or for whom the action of the verb takes place. Unlike direct object pronouns, the use of indirect object pronouns is obligatory even when the object is specified in the same sentence.

   Nos enseñó la camisa que compró.   *He showed us the shirt that he bought.*

   Julio **me** demostró su nuevo invento.   *Julio demonstrated his new invention for me.*

   Les pregunté si eran chilenas.   *I asked them if they were Chilean.*

   —¿**Te** interesa la historia?   *—Does history interest you?*
   —Sí, **me** interesa mucho.   *—Yes, it interests me very much.*

   Le debemos dar el cheque **a Esteban.** (Debemos dar**le** el cheque **a Esteban.**)   *We should give the check to Esteban.*

---

*"If the shoe fits, wear it." (Lit: Whom the glove fits, let him or her put it on.)

2. Indirect object pronouns can also express *on* or *from* (something or someone). In this case, the indirect object can be either a thing or a person.

Javier siempre **les** pone mucho azúcar a los **cereales.**	*Javier always puts a lot of sugar on his cereal.*
Fidel **le** sacó las nueces al **postre.**	*Fidel took the nuts off the dessert.*
Le compré el estéreo a **María.**	*I bought the stereo from María.*

DIRECT AND INDIRECT OBJECT PRONOUNS USED TOGETHER

Direct and indirect object pronouns are frequently used together with verbs like *to give, to bring,* and *to tell*. In English, for example, you commonly hear sentences like *He brought it to them*. In this sentence, *it* is a direct object pronoun (answering what) and *them* is an indirect object pronoun (answering to whom). In Spanish, there are structural differences from English when these pronouns are used. First, direct and indirect object pronouns precede a conjugated verb, indirect object pronoun first and direct object pronoun second. Secondly, the indirect object pronouns **le** and **les** always change to **se** when used together with a third person direct object pronoun (**lo/la/los/las**). (One way to learn this rule is to remember that you can never have two object pronouns that start with the letter **l** next to each other.) Read the following examples and notice the order and form of the object pronouns.

—¿Les llevó el libro?	—*Did he bring them the book?*
—Sí, **se lo** llevó.	—*Yes, he brought it to them.*
¿El chiste? ¡Ya **te lo** conté!	*The joke? I already told it to you!*
—¿Le diste las flores a María?	—*Did you give the flowers to María?*
—No, no **se las** di.	—*No, I didn't give them to her.*

As you have seen before, object pronouns can be attached to the end of infinitives that follow conjugated verbs and to the end of present participles. When both direct and indirect object pronouns are used in these cases, they can be attached together to the end of the infinitive or participle with the addition of an accent to maintain the original stress.

—¿Cuándo le vas a decir la verdad a Ignacio?	—*When are you going to tell Ignacio the truth?*
—Voy a decír**sela** esta noche. (**Se la** voy a decir esta noche.)	—*I'm going to tell it to him tonight.*
—¿Sabe Rocío dónde está el restaurante?	—*Does Rocío know where the restaurant is?*
—Estoy preguntándo**selo** ahora mismo. (**Se lo** estoy preguntando ahora mismo.)	—*I'm asking her (it) right now.*

¡OJO!

In Spanish, the object marker **a** always comes before a direct object that refers to specific people or when the direct object is **alguien** or **nadie**. This is called the personal **a** and has no equivalent in English.

Veo **a** María.	*I see María.*
Busco **a** Florencia.	*I'm looking for Florencia.*
¿Conoces **a alguien** aquí?	*Do you know anyone here?*

When the direct object does not refer to specific people, the personal **a** is not used.

> Busco un ayudante.   *I'm looking for an assistant.*

The **a** used before indirect objects is not the personal **a,** but rather functions as a preposition that can translate as *to, on,* or *from.* However, sometimes the **a** used before an indirect object does not have an English equivalent.

> Le di la carta **a** Jorge.   *I gave the letter to Jorge.*
>
> Les pongo salsa **a** los espaguetis.   *I put sauce on spaghetti.*
>
> El turista me pidió direcciones **a** mí.   *The tourist asked me for directions.*

🎧 Práctica de escuchar

PRÁCTICA   Interpreting Indirect Object Pronouns

Match the sentence you hear with the corresponding picture. The answers are given on the audio program.

> MODELO: (oyes)   El mozo les entrega una pizza.
>
> (escoges)   ⓐ

                                                    b.

1. a.

                                                    b.

2. a.    b.

3. a.    b.

4. a.    b.

5. a.    b.

Ejercicios escritos

*EJERCICIO 1   Identifying Referents
On the following page is a letter and response from an advice column in *Cristina*, a magazine produced
by the famous Hispanic talk show hostess, Cristina Saralegui. Give the referent for each of the
underlined indirect object pronouns in the letter and response.

Querida Cristina Querida Cristina
Me enamoré de mi cuñado

Vivo con mi hermana y mi cuñado en la misma casa. Hace unos días, él me[1] confesó que me amaba e hicimos el amor. Mi hermana me[2] cae muy mal, pero a veces me siento culpable de lo que estoy haciendo. El problema mayor es que ella está esperando un hijo de él...

La cuñada de Texas

No debería sentirse culpable a veces, sino siempre. Ud. no está actuando bien. Ni su cuñado tampoco. Obviamente, él está disfrutando de dos mujeres en la misma casa y se nota que no quiere a ninguna de las dos. Váyase de esa casa y no cometa más errores. Su presencia allí no sólo amenaza con destruir un matrimonio, sino además con sembrar el rencor entre Ud. y su hermana. Su partida no garantiza que la relación matrimonial de su hermana mejore, pero al menos no será Ud. la responsable. Si Ud. mira las cosas con cabeza fría, se dará cuenta de que ese hombre sólo la está utilizando para divertirse. De contra, le[3] falta el respeto a su hermana y al hijo que ella espera. Un consejo: no le[4] crea nada de lo que le[5] dice. Hay motivos suficientes para pensar que su cuñado simplemente está utilizándolas a las dos. Y si por algún motivo Ud. le[6] cuenta la verdad a su hermana, seguramente él lo negará y Ud. será la más perjudicada de toda esta historia de infidelidad y deslealtad.

REFERENTS

Cristina
la cuñada de Texas
el cuñado

la hermana
el hijo de la hermana

	PRONOUN	REFERENT
1.	me	_____
2.	me	_____
3.	le	_____
4.	le	_____
5.	le	_____
6.	le	_____

*EJERCICIO 2   Identifying Indirect Object Pronouns and their Referents

Here is another letter from Cristina's advice column. In this case, some of the indirect object pronouns have been omitted from the response.

Paso 1   Write in the missing indirect object pronouns in the blank spaces of the response.

Las manías de mi hijita

Tengo una niña pequeña que tiene muchas manías (whims) a la hora de irse a dormir. Siempre tiene que estar el papá con ella y si por casualidad él no ha llegado, no se duerme. Después, tiene que abrazar una almohada que ya está tan vieja que me dan ganas (I feel like) de botársela a la basura. Se me está convirtiendo en un problema a mí que empieza todas las noches a las siete. ¿Qué puedo hacer?

Mamá en problemas
Toluca, México

Su problema es muy común. Los niños desarrollan manías y son los padres los que muchas veces se las forman. Su niña ya sabe que a la hora de dormirse Uds. _____¹ proporcionan (dan) todo lo que a ella _____² gusta y por supuesto, ella lo acepta encantada de la vida. A su corta edad, ella ya sabe que si llora, consigue lo que quiere. El problema es que a medida que vaya creciendo (*grows up*) seguirá utilizando sus armas para conseguir lo que desea. Trate de ir quitándo_____³ poco a poco sus manías. Por ejemplo, que esta noche el papá no la duerma (*put to bed*). Seguramente llorará hasta quedarse dormida, pero mañana será mucho más fácil hacer que el papá no duerma a la niña. Que algo quede muy claro: No hay nada malo en que el padre la duerma, el problema es que ella no se duerma sin el padre. Con la almohadita es diferente porque en realidad siempre puede estar ahí. Así que permíta_____⁴ ese gusto por ahora. Los hijos deben estar conscientes de que los padres son los que ponen la disciplina, no al revés. Trate a su niña con mucho cariño y no _____⁵ grite ni la maltrate por no quedarse dormida. Eso podría traer problemas mayores.

Paso 2   Now give the referent for each of the indirect object pronouns that you supplied.

REFERENTS

Cristina   la niña
la mamá   el papá

	PRONOUN	REFERENT
1.	_____	_____
2.	_____	_____
3.	_____	_____
4.	_____	_____
5.	_____	_____

Actividades optativas de gramática

ACTIVIDAD A   El ocio   (Indirect Objects)

¿Qué les parece? Expresa tu opinión sobre las formas de diversión que aparecen en la siguiente página. Escribe una oración completa con un pronombre de complemento indirecto para cada persona mencionada. Usa tantos verbos distintos como puedas, de la lista u otros.

asustar	estimular	informar
dar asco	gustar	inspirar
distraer	hacer pensar	interesar
entretener		

MODELO: Las películas de aventuras en vídeo (*Armageddon*, por ejemplo)
A mí → Me gustan las películas de aventuras en vídeo.

1. La música *rap*

   A mí: _____

   _____

   A mi amigo/a: _____

   _____

   A los estudiantes en general: _____

   _____

2. Los vídeos musicales (MTV)

   A mí: _____

   _____

   A mi amigo/a: _____

   _____

   A los estudiantes en general: _____

   _____

3. Las películas de terror

   A mí: _____

   _____

   A mi amigo/a: _____

   _____

   A los estudiantes en general: _____

   _____

4. Los videojuegos

   A mí: _____

   _____

   A mi amigo/a: _____

   _____

   A los estudiantes en general: _____

   _____

5. Los conciertos de *rock*

   A mí: _____

   _____

   A mi amigo/a: _____

   _____

   A los estudiantes en general: _____

   _____

ACTIVIDAD B ¿Por qué ves la televisión? (Object Pronouns)
En la clase, se habló de las razones por las cuales se ve la televisión. Explica tus razones. Menciona también las razones que tienes en común con tus compañeros de clase y las que no tienes en común con ellos. Cuidado con los complementos directos e indirectos.

MODELO: Veo la televisión porque me informa, pero mis compañeros de clase la ven porque los distrae de sus problemas.

———————————————————————————————————————
———————————————————————————————————————
———————————————————————————————————————
———————————————————————————————————————
———————————————————————————————————————
———————————————————————————————————————
———————————————————————————————————————
———————————————————————————————————————
———————————————————————————————————————
———————————————————————————————————————

IDEAS PARA EXPLORAR La programación

Vocabulario del tema

SUSTANTIVOS
los anuncios publicitarios avisos en que se hace propaganda a productos comerciales o servicios
las comedias programas cuya intención es hacer reír a los televidentes
los concursos programas en que los participantes compiten; ganan dinero, viajes, productos, etcétera
los dibujos animados programas en que los personajes son figuras de personas o animales
los dramas programas que presentan temas serios de una manera seria
los noticieros programas que anuncian los sucesos y acontecimientos actuales
los programas de entrevista programas en que un anfitrión (una anfitriona) habla con una persona invitada y le hace preguntas seguidas de comentarios
las series de acción programas cuyas tramas siempre incluyen peleas o situaciones de las cuales los protagonistas tienen que escaparse
las telenovelas programas que se caracterizan por una trama continua
los vídeos musicales imágenes grabadas que acompañan una canción

Ejercicios escritos

EJERCICIO 1 Palabras clave
Repasa las definiciones de las siguientes palabras asociadas con la programación. Para cada una, escoge dos plabras o frases clave que te ayudan a recordar su significado.

MODELO: los dramas → a. temas serios   b. presentación seria

1. los noticieros   a. _____   b. _____

2. los concursos   a. _____   b. _____

3. las comedias   a. _____   b. _____

4. los programas de entrevista a. _____   b. _____

5. los dibujos animados   a. _____   b. _____

6. las telenovelas   a. _____   b. _____

7. los anuncios publicitarios a. _____   b. _____

8. las series de acción   a. _____   b. _____

9. los vídeos musicales   a. _____   b. _____

*EJERCICIO 2   Definiciones

Escoge la palabra o frase cuya definición oyes.

MODELO: (oyes)   1. Se refiere a los programas que nos hacen reír.
               (escribes)   _b_   las comedias

a. _____ los anuncios publicitarios   e. _____ las telenovelas

b. _____ las comedias   f. _____ los noticieros

c. _____ los concursos   g. _____ los programas de entrevista

d. _____ los dibujos animados

*EJERCICIO 3   Asociaciones

Escribe la palabra o frase que lógicamente responde a la pregunta que oyes.

MODELO: (oyes)   ¿Con qué palabra o frase asocias imágenes y canciones de contenido
                        sexual?
               (escribes)   los vídeos musicales

1. _____

2. _____

3. _____

4. _____

5. _____

6. _____

*EJERCICIO 4   Descripciones

Escribe en cada espacio en blanco la letra del programa que se describe. **¡OJO!** Habrá una palabra o frase
de la lista que no se asocia con ninguna descripción.

a. las telenovelas   d. los noticieros   g. las comedias
b. los dibujos animados   e. las series de acción   h. los concursos
c. los dramas   f. los anuncios publicitarios

1. ——— la propaganda de productos comerciales u otros servicios que se presenta en el tiempo designado para ello durante los programas televisivos

2. ——— tipo de programas que tienen como fin divertir, presentando asuntos sacados de la vida corriente, con escenas cómicas que provocan risa

3. ——— tipo de programas que presentan competencias en las que se premia a los ganadores

4. ——— programas que presentan novelas sentimentales y románticas en emisiones sucesivas y que, en los Estados Unidos, generalmente van dirigidos a televidentes del sexo femenino

5. ——— programas en que se reportan los sucesos de actualidad

6. ——— tipo de programas de asunto serio en los que, a veces, se mezclan lo trágico y lo cómico

7. ——— tipo de programas diseñados principalmente para los niños y los jóvenes, que se hacen fotografiando dibujos en serie que al proyectarlos, producen la sensación de movimiento

Gramática

«*Es mejor que **sobre** que no que **falte**.*»*

PRESENT SUBJUNCTIVE IN EVALUATIVE STATEMENTS

A. Forms

Review the forms of the subjunctive presented in **Lección 6,** pages 121–123 of *Primera parte* of this *Manual.*

B. Functions

To indicate that the speaker is making an evaluative statement by either expressing an emotional response or a subjective opinion.

1. To express doubt, uncertainty, or disbelief

No es posible que **vengan** hoy.	*It isn't possible that they will come today.*
Es increíble que **nieve** tanto en mayo.	*It's incredible that it's snowing so much in May.*
Es improbable que el equipo **gane** muchos partidos esta temporada.	*It's not likely that the team will win many matches this season.*
Es dudoso que los dibujos animados **sean** buenos para los niños.	*It's doubtful that cartoons are good for children.*

2. To express emotion

Es una lástima que Silvia **esté** enferma.	*It's too bad Silvia is ill.*
Es triste que Manuel **suspenda** la clase.	*It's sad that Manuel is failing the class.*

3. To express preference, necessity, or will

Es necesario que los niños **obedezcan** a sus padres.	*It's necessary that children obey their parents.*

————————————

*"It's better to have too much than not enough."

Es preferible que **vayas** solo a la casa de Bernarda.	*It's preferable that you go to Bernarda's house alone.*
Es esencial que todos **mantengan** un régimen de ejercicio.	*It's essential for everyone to maintain an exercise routine.*
Es preciso que nosotros **trabajemos** juntos en estos proyectos.	*It's necessary that we work together on these projects.*

4. To express value judgments or advice

Es mejor que Florentina no **lleve** ese sombrero. Le queda muy feo.	*It's better that Florentina doesn't wear that hat. It's very ugly.*
Es bueno que nosotros **tengamos** tiempo para las vacaciones.	*It's good that we have time for a vacation.*
Es horrible que **haya** tantas pandillas juveniles.	*It's horrible that there are so many youth gangs.*
Es malo que los grandes estudios **produzcan** esas películas sin valor artístico.	*It's bad that the big studios produce these artistically worthless films.*

¡OJO!

The subjunctive is not used with all impersonal expressions. Those expressions that convey certainty or a nonsubjective idea are followed by the indicative. Here are a few impersonal expressions that do not take the subjunctive.

Es cierto que	*It's certain that*
Es interesante que	*It's interesting that*
Es obvio que	*It's obvious that*
Es un hecho que	*It's a fact that*
Es verdad que	*It's true that*

¡OJO!

Even though the subjunctive is conjugated in the present, it often conveys future time. The subjunctive is used when making a subjective reference to an action or situation in the future.

Es imposible que **encuentren** una cura para el SIDA si no tienen recursos.	*It's impossible that they are going to find a cure for AIDS if they don't have the resources.*
Es probable que **fabriquen** menos armas nucleares en el siglo XXI.	*It's likely that fewer nuclear arms will be manufactured in the twenty-first century.*
Es necesario que tú **apruebes** el curso de cálculo el semestre que viene.	*It's necessary that you pass your course in calculus next semester.*

Práctica de escuchar

PRÁCTICA   Contrast Between Subjunctive and Indicative

Listen to the opinions of a television critic. For each sentence ending that you hear, indicate which of the two choices is the correct beginning. The answers are given on the audio program.

ESTRATEGIA PARA ESCUCHAR

In many respects, the use of the subjunctive after evaluative expressions is a reflex. Once they understand the beginning part of the sentence, many language learners don't process the form of the verb in the second part of the sentence. But this is precisely where the subjunctive forms are found! In this **Práctica,** we will turn the tables on you and have you listening to the second parts of sentences, that is, to the subjunctive or indicative, and then have you make a decision about what must precede each one.

MODELO: (oyes)   …los programas de televisión sean controlados por el gobierno.

(escoges) ⓐ Es necesario que…   b. Es un hecho que…

1. a. Es preferible que…   6. a. Es esencial que…

    b. Es cierto que…   b. Es interesante que…

2. a. Es posible que…   7. a. Es increíble que…

    b. Es verdad que…   b. Es obvio que…

3. a. Es obvio que…   8. a. Es improbable que…

    b. No creo que…   b. Es cierto que…

4. a. Es mejor que…   9. a. Es verdad que…

    b. Es interesante que…   b. Es necesario que…

5. a. Es un hecho que…   10. a. Es un hecho que…

    b. Es una lástima que…   b. Es triste que…

Ejercicios escritos

*EJERCICIO   Subjunctive versus Indicative

First conjugate the verb using either the subjunctive or indicative as needed. Then indicate whether you agree or disagree.

1. Es necesario que el gobierno _____ (eliminar) las causas de la contaminación pronto.
    Estoy de acuerdo.   ☐
    No estoy de acuerdo. ☐

2. Es bueno que los padres _____ (quejarse) de la violencia en los programas televisivos.
    Estoy de acuerdo.   ☐
    No estoy de acuerdo. ☐

3. Es obvio que los niños _____ (aprender) mucho por medio de la televisión.
   Estoy de acuerdo. ☐
   No estoy de acuerdo. ☐

4. Es preferible que nosotros los estudiantes _____ (participar) en actividades escolares en vez de pensar en otras diversiones.
   Estoy de acuerdo. ☐
   No estoy de acuerdo. ☐

5. Es una lástima que muchas personas no _____ (tener) interés en la política.
   Estoy de acuerdo. ☐
   No estoy de acuerdo. ☐

6. Es cierto que David Letterman _____ (ganar) mucha popularidad.
   Estoy de acuerdo. ☐
   No estoy de acuerdo. ☐

7. Es malo que los productores _____ (mostrar) tantas escenas sexuales en la televisión.
   Estoy de acuerdo. ☐
   No estoy de acuerdo. ☐

8. Es increíble que no todos los estudiantes _____ (saber) usar una computadora.
   Estoy de acuerdo. ☐
   No estoy de acuerdo. ☐

9. Es interesante saber que _____ (existir) un programa televisivo como Barrio Sésamo en español en los Estados Unidos.
   Estoy de acuerdo. ☐
   No estoy de acuerdo. ☐

10. Es imposible que nosotros _____ (cambiar) la sociedad rápidamente.
    Estoy de acuerdo. ☐
    No estoy de acuerdo. ☐

Actividades optativas de vocabulario y gramática

ACTIVIDAD A   Tus programas favoritos
Da el nombre de tu programa favorito en cada una de las categorías en la siguiente página. Luego, explica por qué lo es.

1. comedias _____

   _____

   _____

2. concursos _____

   _____

   _____

3. dramas _____

_____

_____

4. deportes _____

_____

_____

5. noticieros _____

_____

_____

6. series de acción _____

_____

_____

7. vídeos musicales _____

_____

_____

8. progamas de entrevista _____

_____

_____

9. telenovelas _____

_____

_____

10. dibujos animados _____

_____

_____

ACTIVIDAD B ¿Estás de acuerdo?

Indica si estás de acuerdo o no con las ideas expresadas en cada oración. Luego, explica tus razones.

1. Los programas de entrevista influyen en nuestra sociedad más que los noticieros.

_____

_____

2. Las comedias son mejores que los dramas.

_____

_____

3. Los noticieros son más sensacionalistas que objetivos y realistas.

_____

_____

4. Los concursos son de muy baja calidad.

_____

_____

5. Los vídeos musicales proveen modelos positivos de comportamiento.

_____

_____

ACTIVIDAD C   Asociaciones

Escribe otras dos palabras o frases que asocias con cada palabra o frase a continuación. Luego, con una o dos oraciones, explica el porqué de tal asociación.

1. anuncio publicitario   a. _____   b. _____

_____

_____

_____

2. comedia   a. _____   b. _____

_____

_____

_____

3. dibujos animados   a. _____   b. _____

_____

_____

_____

4. dramas   a. _____   b. _____

_____

_____

_____

5. noticieros   a. _____   b. _____

_____

_____

_____

6. series de acción　　　a. _____　　b. _____

_____

_____

_____

7. vídeos musicales　　　a. _____　　b. _____

_____

_____

_____

ACTIVIDAD D　Expansión léxica

Busca en el diccionario las otras formas de las siguientes palabras.

　　　　v. = verbo　　　**s.** = sustantivo　　　**adj.** = adjetivo

1. el anuncio　　　　　v. _____

2. publicitario/a　　　s. _____

　　　　　　　　　　　v. _____

3. la comedia　　　　　s. _____

　　　　　　　　　　　adj. _____

4. el drama　　　　　　v. _____

　　　　　　　　　　　adj. _____

5. el dibujo　　　　　　v. _____

　　　　　　　　　　　adj. _____

6. el noticiero　　　　　s. _____

7. musical　　　　　　　s. _____

8. la entrevista　　　　v. _____

　　　　　　　　　　　adj. _____

9. el concurso　　　　　v. _____

　　　　　　　　　　　s. _____

ACTIVIDAD E　El consejo de Cristina　(Subjunctive)

¿Estás de acuerdo con el consejo de Cristina en la carta del Ejercicio 1 en la página 16? ¿Qué opinas de la situación? Para expresar lo que opinas de esa situación, escribe cinco oraciones en el subjuntivo.

　　　MODELO:　Es mejor que la cuñada se vaya de la casa inmediatamente.

1. _____

_____

2. _____

_____

3. _____

_____

4. _____

_____

5. _____

_____

ACTIVIDAD F   El tratamiento de los niños   (Subjunctive)
Indica si estás de acuerdo o no con las siguientes oraciones. Luego, expresa tu opinión en una oración impersonal. Puedes usar algunas de las expresiones de la lista.

Es bueno que	Es (im)probable que	Es triste que
Es dudoso que	Es increíble que	Es una lástima que
Es esencial que	Es malo que	No es cierto que
Es horrible que	Es mejor que	No es verdad que
Es (im)posible que	Es preferible que	

MODELO: No se debe pegar nunca a los niños. →
Estoy de acuerdo. Es malo que los adultos castiguen físicamente a los niños.

1. Los niños siempre deben comer todo lo que se les pone en el plato.

_____

_____

2. A los niños se les debe hablar del sexo desde muy jóvenes.

_____

_____

3. Los padres deben permitirles a sus hijos el consumo de bebidas alcohólicas en casa. Así aprenden a beber responsablemente.

_____

_____

4. A los niños no se les debe contar historias falsas como la de Santa Claus.

_____

_____

5. Se debe tratar a los niños y a las niñas con igualdad. Así no serán sexistas.

_____

_____

6. A los niños se les debe limitar el consumo de dulces.

_____

_____

7. No se les debe dar dinero a los niños menores de 10 años.

_____

_____

8. No se debe permitir que los parientes les hagan regalos a los niños.

   _____

   _____

9. Se debe insistir en que los niños practiquen un deporte o aprendan a tocar un instrumento musical desde la infancia.

   _____

   _____

10. A los niños no se les debe dar cierto tipo de juguetes, como por ejemplo Barbie, porque son juguetes sexistas.

   _____

   _____

ACTIVIDAD G   Los papeles de la televisión   (Subjunctive)
En la clase se habló de los papeles que desempeña la televisión y de las responsabilidades que éstos representan, etcétera. Escribe oraciones de lo que tú mencionaste sobre esos papeles según las categorías a continuación. Escribe tres oraciones para cada categoría.

MODELO: Es esencial que la televisión sea responsable cuando reporta las noticias. Es esencial que las compañías presenten programas variados. Es esencial que la televisión no promueva estereotipos.

1. Es esencial que… _____

   _____

   _____

2. Es beneficioso que… _____

   _____

   _____

3. No es importante que… _____

   _____

   _____

IDEAS PARA EXPLORAR   La televisión y los niños

Vocabulario del tema

VERBOS
dañar   herir; causar malos efectos
entregar   ofrecer; transmitir
favorecer   ayudar; beneficiar
impedir   dificultar, poner obstáculos
proporcionar   proveer; poner a disposición
vigilar   supervisar; cuidar

SUSTANTIVOS
el vicio   afición o deseo vehemente de una cosa que incita a usar de ella con exceso; mal hábito
la vista   sentido corporal con que se ven los colores y formas de las cosas; visión

Ejercicios escritos

EJERCICIO 1   Palabras clave
Repasa las definiciones de las siguientes palabras asociadas con la televisión y los niños. Para cada una, escoge dos palabras o frases clave que te ayudan a recordar su significado.

MODELO: entregar   →   a. ofrecer   b. prestar

1. proporcionar   a. _____   b. _____
2. favorecer   a. _____   b. _____
3. dañar   a. _____   b. _____
4. impedir   a. _____   b. _____
5. vigilar   a. _____   b. _____
6. la vista   a. _____   b. _____
7. el vicio   a. _____   b. _____

*EJERCICIO 2   Asociaciones
Escribe la palabra que lógicamente responde a la pregunta que oyes.

MODELO: (oyes) ¿Con qué palabra asocias el uso excesivo de una cosa y los malos hábitos?
          (escribes) el vicio

1. _____
2. _____
3. _____
4. _____
5. _____
6. _____
7. _____

Gramática

«*Hasta que no lo* **veas,** *no lo* **creas.**»*

SUBJUNCTIVE OF INTERDEPENDENCE (ADVERBIAL CONJUNCTIONS)

A. Forms

You will find the forms of the present subjunctive in **Lección 6,** pages 121–123 of this *Manual.*

---

*"Seeing is believing." (Lit: Until you see it, don't believe it.)

B. Functions

To indicate interdependence; to express the conditions under which an event will take place

Adverbs modify verbs by adding information about a verb, and generally answer the questions *how, when, where,* or *why*. For example, in the following sentence, **rápidamente** is an adverb that tells us how Juana runs.

Juana corre **rápidamente.**	*Juana runs rapidly.*

Adverbial clauses are entire clauses that function like adverbs by adding information about (modifying) a verb. Adverbial clauses are linked to a main clause by an adverbial conjunction. The subjunctive is used following an adverbial conjunction when the event or situation referred to is not real, is unknown to the speaker, or has not yet taken place. The uses of the subjunctive in adverbial clauses can be divided into two general categories: 1) expressions of time, place, manner, or concession; 2) expressions of purpose, condition, or anticipation.

1. Expressions of time, place, manner, or concession. The subjunctive is used to express that an event or situation is hypothetical and/or has not yet occurred.

ADVERBIAL CONJUNCTIONS OF TIME AND PLACE

cuando	*when*	hasta que	*until*
después (de) que	*after*	mientras (que)	*while*
donde	*where*	tan pronto (como)	*as soon as*
en cuanto	*as soon as*		

Voy a ver la nueva película de Almodóvar tan pronto como **llegue** al cine.	*I'm going to see the new Almodóvar film as soon as it comes to the theater.*
Esteban buscará trabajo en cuanto **termine** sus estudios.	*Esteban will look for work as soon as he finishes his studies.*
Habrá una gran celebración después de que los políticos **resuelvan** los conflictos.	*There will be a great celebration after the politicians resolve the conflicts.*
No podemos hacer nada hasta que el mecánico **arregle** el coche.	*We can't do anything until the mechanic fixes the car.*
¿El libro? Ponlo donde **quieras.**	*The book? Put it wherever you like.*

ADVERBIAL CONJUNCTIONS OF MANNER

como	*how, however*
de manera que	*in such a way that*
de modo que	*in such a way that*

Hay que explicar los ejercicios de modo que todos los **entiendan.**	*It's necessary to explain the exercises in such a way that everybody understands them.*
Enrique va a conseguir el dinero como **pueda.**	*Enrique is going to get the money however he can.*

ADVERBIAL CONJUNCTIONS OF CONCESSION

a pesar de que	*in spite of, despite (the fact that)*
aun cuando	*even when, even if*
aunque	*although, even if, even though*

Sé que Antonio se negará a tomar la medicina a pesar de que los doctores le **digan** que es necesario.	*I know that Antonio will refuse to take the medicine despite the fact that the doctors may say it's necessary.*
Algunos canales ponen películas viejas aunque el público no **tenga** mucho interés en verlas.	*Some channels show old movies even though the public doesn't have much interest in seeing them.*

CONTRAST BETWEEN THE SUBJUNCTIVE AND INDICATIVE MOODS

The indicative mood is used following expressions of time, place, manner, or concession if the event or situation referred to is real and/or already exists or existed in the past.

Me duele la cabeza cuando **veo** la televisión muchas horas seguidas.	*My head aches when I watch television for hours on end.*
Yo leía una revista mientras que mis compañeros **iban** de compras.	*I was reading a magazine while my companions were shopping.*
Laura esperó afuera hasta que Inés **salió** de la tienda.	*Laura waited outside until Inés came out of the store.*
Siempre teníamos bastante comida aun cuando no **había** mucho dinero.	*We always had enough food even when we didn't have much money.*
Su mamá le compró ropa aunque él no lo **quería.**	*His mother bought him clothes although he didn't want her to.*

¡OJO!

The adverbial conjunctions of time, **ahora que** (*now that*), **puesto que** (*since*), and **ya que** (*since, now that*), always take the indicative because they express a completed or inevitable event or situation.

Ya que **sabes** mi dirección, ven a visitarme.	*Now that you know my address, come visit me.*
Ahora que te **hicieron** gerente, tendrás que trabajar más.	*Now that they made you boss, you'll have to work even more.*
Puesto que ellos **vienen** a visitar hoy, vamos a cenar en casa.	*Since they are going to visit today, we're going to dine at home.*

2. Expressions of purpose, condition, or anticipation. Because these adverbial conjunctions always express events or situations that have not yet occurred or have not yet been fully realized in the mind of the speaker, they are always followed by the subjunctive.

ADVERBIAL CONJUNCTIONS OF PURPOSE

a fin de que   *so that*
para que   *so that*

Los padres dan reglas para que los hijos **aprendan** a ser responsables.	*Parents make rules so children will learn to be responsible.*

ADVERBIAL CONJUNCTIONS OF CONDITION

a condición de que   *under the condition that*
a menos que   *unless*
con tal de que   *provided that*
en caso de que   *in the case that*
mientras que   *as long as*
salvo que   *unless*
siempre que   *provided that*
sin que   *unless*

Vamos de vacaciones en mayo con tal de que el jefe nos **dé** permiso.	*We're going to take a vacation in May provided that the boss gives us permission.*
No habrá trenes hoy a menos que **solucionen** la huelga de conductores.	*There won't be any trains today unless they solve the engineers' strike.*
La nueva red de información no funcionará sin que el gobierno **reconozca** las necesidades de los usuarios.	*The information superhighway won't work unless the government recognizes the needs of the users.*
Mientras que **dure** la dictadura, habrá censura de todos los medios de comunicación.	*As long as the dictatorship lasts, there will be censorship of all the means of communication.*

ADVERBIAL CONJUNCTIONS OF ANTICIPATION

antes (de) que   *before*

Elena y Rafael quieren ir a las montañas antes de que **haga** mucho frío.	*Elena and Rafael want to go to the mountains before it gets very cold.*

¡OJO!

Many adverbial conjunctions begin with a preposition. If there is no change in subject from the main clause to the adverbial clause, some prepositions can be used without the conjunction **que**. In this case, they are followed by the infinitive rather than the indicative or subjunctive. Prepositions that can be used without **que** include the following:

antes de   para
después de   sin
hasta

No puedo ayudar a otros hasta que **deje** de ser tan dependiente.	*I can't help others until I stop being so dependent.*
No puedo ayudar a otros hasta **dejar** de ser tan dependiente.	*I can't help others until I stop being so dependent.*
Roberto quiere comprar una bicicleta para que **ahorre** gasolina.	*Roberto wants to buy a bicycle to save gasoline.*
Roberto quiere comprar una bicicleta para **ahorrar** gasolina.	*Roberto wants to buy a bicycle to save gasoline.*

⟨headphones⟩ Práctica de escuchar

PRÁCTICA   Contrast Between Indicative and Subjunctive

Yolanda and Ana are college roommates talking about some aspects of their lives. Two events or situations are mentioned in each sentence. Indicate if there is interdependence between the events or if the events taking place do not depend upon each other. The answers are given on the audio program.

MODELO: (oyes) Vamos a almorzar en cuanto lleguemos a casa.
(escoges) No interdependence □   Interdependence ☑

	NO INTERDEPENDENCE	INTERDEPENDENCE		NO INTERDEPENDENCE	INTERPENDENCE
1.	□	□	5.	□	□
2.	□	□	6.	□	□
3.	□	□	7.	□	□
4.	□	□	8.	□	□

Ejercicios escritos

*EJERCICIO 1   ¿Subjuntivo o indicativo?

Escribe la forma correcta del verbo entre paréntesis en cada espacio en blanco.

1.   Los productores crean programas televisivos de modo que —————————— (atraer)

el mayor número posible de televidentes.

2. Algunos psicólogos dicen que la violencia en los dibujos animados no es dañina con tal de que los padres les _____ (explicar) a los niños la diferencia entre la fantasía y la realidad.

3. Puesto que nuestra cultura _____ (depender) tanto de la televisión, es inútil luchar contra su influencia.

4. Antes de que _____ (ocurrir) cambios en la programación actual, primero tendrá que haber un cambio en la actitud del público.

5. Mientras que muchas personas _____ (mirar) los deportes, otras prefieren mirar cualquier otra cosa.

6. Aunque no lo _____ (querer), mucha gente recibe por cable canales que considera absurdos.

7. Las comedias casi siempre ganan la atención de la mayoría del público a menos que _____ (presentarse) un programa extraordinario a la misma hora.

8. Algunos canales repiten ciertos programas para que todo el mundo _____ (tener) la oportunidad de verlos.

9. Muchas compañías harán cambios drásticos cuando el gobierno _____ (decidir) el caso de enviar vídeos por líneas telefónicas.

10. A pesar de que nosotros _____ (desear) programas que no perpetúen los prejuicios, todavía hay muchos estereotipos negativos en la televisión.

*EJERCICIO 2 Constructing Sentences with Adverbial Conjunctions of Condition

Read the two ideas given in each item below. Join them with an adverbial conjunction of condition from the list to make a single true statement. Make any other changes necessary. Some contexts will allow more than one possible conjunction.

a condición de que	salvo que
a menos que	sin que
con tal de que	

MODELO: mucha gente mirar las noticias / pasar algo importante →
Mucha gente no mira las noticias a menos que pase algo importante.

1. comer dulces ser malo / comerse demasiados

_____

_____

2. evitarse la contaminación del aire / usarse los medios de transporte público

_____

_____

3. los niños no deber mirar películas para adultos / sus padres acompañarlos

_____

_____

4. los agricultores sobrevivir económicamente / el gobierno ayudarlos

_____

_____

5. los estudiantes no aprender mucho / los profesores ser buenos

_____

_____

6. los libros de texto no ser útiles / ser comprensibles

_____

_____

7. el racismo desaparecer / la gente educarse

_____

_____

8. el estudio de las lenguas extranjeras ganar popularidad / el público percibir los beneficios

_____

_____

9. muchas personas dejar de fumar / enfermarse

_____

_____

10. los estudiantes aprender a usar una computadora / ser necesario

_____

_____

Actividades optativas de vocabulario y gramática

ACTIVIDAD A   Las formas verbales
Escribe oraciones sobre algo verdadero en las que uses el verbo en el tiempo indicado.

MODELO: proporcionar (pretérito) →
Cuando era niño, la televisión me proporcionó muchas horas de diversión.

1. favorecer (pretérito) _____

_____

2. entregar (pretérito perfecto) _____

_____

3. impedir (presente de subjuntivo) _____

_____

4. vigilar (imperfecto) _____

_____

5. dañar (presente de subjuntivo) _____

ACTIVIDAD B ¿Estás de acuerdo?

Indica si estás de acuerdo o no con las ideas expresadas en cada oración. Luego, explica tus razones.

1. La televisión favorece el desarrollo de la creatividad y de la imaginación.

_____

_____

2. Los padres deben proporcionarles otras distracciones a los niños para evitar que vean televisión.

_____

_____

3. La televisión daña la vista.

_____

_____

4. Los niños no deben ver telenovelas porque éstas presentan una visión falsa de la vida.

_____

_____

5. Los niños no interpretan los vicios como vicios sino como modelos de comportamiento.

_____

_____

ACTIVIDAD C Asociaciones

Escribe otras dos palabras o frases que asocias con cada palabra o frase a continuación. Luego, con una o dos oraciones, explica el porqué de tal asociación.

1. la vista   a. _____ b. _____

_____

_____

_____

2. el vicio   a. _____ b. _____

_____

_____

_____

3. dañar   a. _____   b. _____

_____

_____

_____

4. favorecer   a. _____   b. _____

_____

_____

_____

5. impedir   a. _____   b. _____

_____

_____

_____

6. vigilar   a. _____   b. _____

_____

_____

_____

ACTIVIDAD D   Expansión léxica

Busca en el diccionario las otras formas de las siguientes palabras.

v. = verbo   **s.** = sustantivo   **adj.** = adjetivo

1. vigilar   s. _____

                    adj. _____

2. favorecer   s. _____

                    adj. _____

3. dañar   s. _____

                    adj. _____

4. proporcionar   s. _____

                    adj. _____

5. entregar   s. _____

                    adj. _____

6. la vista   s. _____

7. impedir   s. _____

8. vigilar   s. _____

                    adj. _____

ACTIVIDAD E   ¿Optimista o pesimista?   (Subjunctive)

Lee las declaraciones optimistas del autor de este libro. Luego, usa las conjunciones adverbiales de la lista y el subjuntivo para reescribir las declaraciones describiendo las condiciones en que pueden ocurrir.

a condición de que	salvo que
a menos que	sin que
con tal de que	

MODELO: Pronto habrá una cura para el cáncer. →
Habrá una cura para el cáncer a condición de que *haya* suficiente dinero para la investigación.

1.   No habrá más desempleo. _____

_____

2.   No habrá más crímenes en las ciudades grandes. _____

_____

3.   Toda la gente del mundo tendrá suficiente comida. _____

_____

4.   Los niños recibirán una buena educación. _____

_____

5.   No habrá más guerras religiosas. _____

_____

6.   Habrá igualdad de oportunidades para todos. _____

_____

7.   Los industriales descubrirán maneras de producir sin contaminar el planeta. _____

_____

8.   Todos los políticos serán honestos. _____

_____

9.   Los homosexuales obtendrán los derechos civiles. _____

_____

10.   La automatización eliminará los trabajos hechos por los seres humanos. _____

_____

ACTIVIDAD F   Cómo compartir la televisión   (Subjunctive)

Inventa siete reglas para compartir la televisión con las personas con quienes convives. Usa conjunciones adverbiales según el modelo.

MODELO: No se puede cambiar de canal mientras que otra persona esté viendo un programa.

1.   _____

_____

2. _____

_____

3. _____

_____

4. _____

_____

5. _____

_____

6. _____

_____

7. _____

_____

LECCIÓN 14

LA PROGRAMACIÓN

IDEAS PARA EXPLORAR Las imágenes presentadas en la televisión
• •

Vocabulario del tema

VERBOS
criticar dar opiniones acerca de una obra o sobre cualquier asunto; censurar
premiar galardonar; honrar; compensar

SUSTANTIVOS
la actitud disposición; manera de portarse
la apariencia física aspecto físico de una persona
la capacidad intelectual inteligencia en general
el grupo étnico nación o raza a que una persona pertenece
el nivel económico grado de capacidad material alcanzado por una persona o grupo
el nivel social categoría o situación más alta o más baja de una persona en la escala social
los productos cosas producidas con valor económico
los servicios lo que se hace para satisfacer las necesidades del público

ADJETIVOS
ofensivo/a insultante; humillante; irrespetuoso/a
realista que se ajusta a la realidad
sensacionalista que provoca emoción y pasión con noticias, sucesos, etcétera
sexista que discrimina a personas de un sexo por considerarlo inferior al otro

Ejercicios escritos

EJERCICIO 1 Palabras clave
Repasa las definiciones de las siguientes palabras asociadas con las imágenes presentadas en la televisión. Para cada una, escoge dos palabras o frases clave que te ayudan a recordar su significado.

> MODELO: actitud → a. portarse b. disposición

1. sexista a. _____ b. _____

2. el nivel social a. _____ b. _____

3. ofensivo/a a. _____ b. _____

4. sensacionalista   a. _____   b. _____

5. criticar   a. _____   b. _____

6. premiar   a. _____   b. _____

7. los servicios   a. _____   b. _____

*EJERCICIO 2 Definiciones
Escoge la palabra o frase cuya definición oyes.

MODELO: (oyes) Se refiere a la nación o raza a que se pertenece.
  (escoges) a. el nivel económico
       b. el grupo étnico
       c. la actitud

1. a. el nivel social
   b. el nivel económico
   c. la capacidad intelectual

2. a. los productos
   b. la apariencia física
   c. la capacidad intelectual

3. a. el grupo étnico
   b. el nivel social
   c. el nivel económico

4. a. los servicios
   b. los productos
   c. sensacionalista

5. a. la actitud
   b. los productos
   c. el nivel social

6. a. el nivel económico
   b. el nivel social
   c. el grupo étnico

*EJERCICIO 3 Asociaciones
Escribe la palabra o frase que lógicamente responde a la pregunta que oyes.

MODELO: (oyes) ¿Con qué palabra o frase asocias buen entendimiento e inteligencia?
  (escribes) la capacidad intelectual

1. _____
2. _____
3. _____
4. _____
5. _____
6. _____
7. _____
8. _____
9. _____
10. _____

Gramática

*«Errando **se aprende** a acertar.»**

THE PRONOUN se

I. The Reflexive **se**

A. Forms

The reflexive **se** expresses the English *himself, herself, itself,* or *themselves.* The verb is either in the third person singular or plural to agree with the subject. As with other pronouns, the reflexive **se** precedes the conjugated verb or is attached to an infinitive or participle that follows the conjugated verb.

---

se + third person $\begin{Bmatrix} \text{singular} \\ \text{plural} \end{Bmatrix}$ verb

---

If the verb is not third person, a reflexive pronoun other than **se** is used. The reflexive pronouns have the same forms as object pronouns except for the third person **se.** Their placement in a sentence is the same as for **se** as explained above.

OTHER REFLEXIVE PRONOUNS

me   *myself*
te   *yourself* (s. fam.)
nos *ourselves*
os   *yourselves* (pl. fam. Sp.)

ASÍ SE DICE

A common use of the reflexive in Spanish is to check someone's understanding of what you are saying with the expression **¿Me explico?** Use it to ask whether or not you are explaining yourself clearly. For example, as you explain how to tape a program on the VCR, you stop and ask if your explanation is clear.

—Se pone el televisor en el canal 3. Luego, se mete la cinta y se prende la grabadora. ¿Me explico?

—*You put the TV on channel 3. Then you put in the tape and turn on the recorder. Got it?*

—Sí, te comprendo. Sigue por favor.

—*Yes, I understand. Continue, please.*

---

*"One learns by making mistakes."

B. Functions

The reflexive **se** expresses the idea of a subject performing an action on itself.

Pedro **se critica** demasiado.	*Pedro criticizes himself too much.*
Inés **se dañó** jugando al tenis.	*Inés hurt herself playing tennis.*
La profesora **se dedica** a la enseñanza.	*The instructor dedicates herself to teaching.*
Tía Nuria **está preparándose** para el examen de química.	*Aunt Nuria is getting ready for the chemistry exam.*
Pablo siempre **se mete** en los asuntos de los demás sin pensar en las consecuencias.	*Pablo always sticks his nose in other people's business without thinking of the consequences.*

¡OJO!

Any transitive verb (a verb that can occur with a direct object) in Spanish can occur with or without the reflexive pronoun, depending on the specific meaning being conveyed. For example, the verb **lavar** is used to refer to washing something or someone other than oneself while **lavarse** is used to refer to washing oneself. Notice the difference between the following pairs of sentences.

Manuel **lava** al bebé.	*Manuel washes the baby.*
Manuel **se lava**.	*Manuel washes himself.*
Roberto **pone** la camisa en la mesa.	*Roberto puts the shirt on the table.*
Roberto **se pone** la camisa.	*Roberto puts on the shirt.*
El peluquero **peina** a la señora.	*The barber combs the woman's hair.*
El peluquero **se peina**.	*The barber combs his hair.*

II. The Impersonal se

The impersonal **se** expresses subjects that English would express with *one, you, people* (in general), or *they*. It indicates that people are involved in the action of the verb, but no specific individual is identified as performing the action. The verb is always in the third person singular.

Se vive bien en los Estados Unidos.	*You live well in the United States.*
No **se necesita** mucho.	*You don't need much.*
¿Cómo **se dice** *fun* en español?	*How do you say fun in Spanish?*
Se ve mucho la televisión en los Estados Unidos.	*People watch a lot of TV in the United States.*

III. The Passive se

The passive **se** is similar to the impersonal **se** in that the agent of the action is either unknown or unimportant to the message of the sentence. The speaker simply wishes to communicate that an action is being done to something. The verb is in the third person singular or plural, depending on whether the thing acted upon is singular or plural. Although the **se** always immediately precedes the verb, word order is flexible.

$$\textbf{se} + \text{third person} \begin{Bmatrix} \text{singular} \\ \text{plural} \end{Bmatrix} \text{verb} + \text{noun}$$

$$\text{noun} + \textbf{se} + \text{third person} \begin{Bmatrix} \text{singular} \\ \text{plural} \end{Bmatrix} \text{verb}$$

Las actitudes **se ven** en las acciones.	*Attitudes are seen in actions.*
En Corea **se producen** millones de coches anualmente.	*Millions of cars are produced in Korea annually.*
La identidad cultural **se refleja** en la lengua y en las costumbres.	*Cultural identity is reflected in language and customs.*
Entre los barceloneses **se habla** el catalán.	*Among the people from Barcelona, Catalan is spoken.*

However, if a person or persons is acted upon and is preceded by **a,** the verb remains in the singular.

En las películas, casi siempre **se presenta** a los indios como los villanos.	*In the movies, the Indians are almost always presented as the bad guys.*
Se denunció al nuevo jefe.	*The new boss was denounced.*

¡OJO!

The true passive voice is used much more often in English than in Spanish. For example, *The window was broken* is passive while *John broke the window* is active. In Spanish, the passive is more frequently expressed with the passive **se** rather than the true passive voice when the agent is not expressed. For example, to express that *the wall is being painted,* it is possible to say in Spanish **la pared está siendo pintada,** which is the true passive. However, it is much more common to express this with the passive **se: se pinta la pared.** (The true passive was presented in **Lección 10.**)

Práctica de escuchar

PRÁCTICA   Listening for Reflexive Versus Nonreflexive Verbs
In the sentences you hear, indicate whether the speaker is referring to someone performing a reflexive action on him- or herself (**a sí mismo/a**) or performing an action involving another person (**a otra persona**). The answers are given on the audio program.

MODELO: (oyes)   Se hizo daño jugando al basquetbol.
(escoges)   a sí mismo ☑   a otra persona ☐

	A SÍ MISMO	A OTRA PERSONA			A SÍ MISMO	A OTRA PERSONA
1.	☐	☐		6.	☐	☐
2.	☐	☐		7.	☐	☐
3.	☐	☐		8.	☐	☐
4.	☐	☐		9.	☐	☐
5.	☐	☐		10.	☐	☐

Ejercicios escritos

*EJERCICIO 1   Identifying the Functions of *se*

Read the article about the use of Spanish in the United States. Write each verb that appears with **se** in the blank and then categorize the function of each verb: reflexive, impersonal, or passive.

Los hispanos prefieren comunicarse en español

De acuerdo al Censo de Estados Unidos de 1990, los hispanos frecuentemente prefieren comunicarse en español. Para confirmar lo anterior, se realizaron recientemente dos estudios para la cadena de televisión «Univisión», por las agencias DRI/McGraw-Hill, Lexington, Mass. y Strategy Research Corp. de Miami, las cuales revelaron que el número de hispanos que hablan español se mantendrá y se incrementará cada vez más, aunado al alto porcentaje de inmigrantes de origen latino.

Los datos revelaron que la mayoría de los 19.6 millones de hispanos que viven en Estados Unidos, y son mayores de cuatro años de edad, habla español en casa, aunque use el inglés en la escuela, el trabajo u otro lugar fuera del hogar. El número de hispanos mayores de cinco años que habla español en casa va en ascenso, se pronosticó un aumento de 15.3 millones en 1991 a 21 millones en el año 2000 y a 26.7 millones para el 2010.

Los datos de este estudio señalaron también que el 54% de los entrevistados se sienten mejor cuando hablan español, mientras que el 41% prefiere el inglés y el 6% usa ambas lenguas. Cerca del 63% de los hispanos altamente aculturados, afirmaron hablar mayormente el español en casa, mientras el 32% habla inglés y el 16% ambas lenguas.

La preferencia de los hispanos a su cultura se refleja también en que ellos invierten alrededor de nueve horas diarias con medios de comunicación. El promedio de hispanos aculturados invierte el mismo tiempo diario con medios de comunicación en inglés y en español (aproximadamente cuatro horas con cada uno), mientras el segmento restante hispano invierte dos horas con medios en inglés y siete horas con medios en español.

FUNCTION OF **se**

1. _____ _____

2. _____ _____

3. _____ _____

4. _____ _____

5. _____ _____

6. _____ _____

7. _____ _____

8. _____ _____

*EJERCICIO 2   La historia de la televisión
Each of the following items expresses a historic event. Write the sentence using the words given and the passive **se**. ¡OJO! You might wish to review preterite verb forms in **Lección 5** before beginning.

MODELO: 1990 / introducir / televisión de alta resolución / el Japón →
En 1990 *se introdujo* en el Japón la televisión de alta resolución.

1.   1884 / conseguir / patente / primer sistema televisivo completo _____
_____

2.   1936 / producir / primera programación regular / Londres _____
_____

3.   1940 / hacer / primeros experimentos / televisión en colores _____
_____

4.   1950 / crear / primeras comedias familiares _____
_____

5.   1954 / producir / primeros televisores en colores / para el hogar _____
_____

6.   1965 / lanzar / primer satélite comercial / para comunicaciones _____
_____

Actividades optativas de vocabulario y gramática

ACTIVIDAD A   ¿Qué opinas?
Escribe una oración sobre algo verdadero relacionado con cada uno de los siguientes conceptos.

1.   los noticieros sensacionalistas _____
_____

2.   los niveles económicos _____
_____

3.   los noveles sociales _____
_____

4.   el lenguaje sexista _____
_____

5.   los programas realistas _____
_____

6.   la capacidad intelectual _____
_____

7. las relaciones entre grupos étnicos _____

_____

8. los servicios _____

_____

ACTIVIDAD B   ¿Estás de acuerdo?

Indica si estás de acuerdo o no con las ideas expresadas en cada oración. Luego, explica tus razones.

1. La mayoría de los programas televisivos presentan imágenes sexistas de las mujeres e imágenes estereotipadas de los miembros de varios grupos étnicos.

_____

_____

_____

2. La violencia y el contenido sexual de los programas televisivos son sensacionalistas y ofensivos.

_____

_____

_____

3. Las telenovelas son realistas porque nos presentan las relaciones humanas tales como son.

_____

_____

_____

4. Los programas de entrevistas no son sensacionalistas porque reflejan la realidad de nuestra sociedad.

_____

_____

_____

5. Si la programación televisiva quiere ser más realista, debe haber más programas sobre la gente del nivel económico más bajo.

_____

_____

_____

6. Debido al poder financiero de las compañías que pagan los anuncios publicitarios, no vamos a ver muchas innovaciones en la programación televisiva.

_____

_____

_____

ACTIVIDAD C   Las diversiones   (se)

¿Qué opinas de las varias formas de entretenimiento? Escoge cinco diversiones populares y escribe una oración con el **se** impersonal o **se** pasivo dando tu opinión sobre cada una de ellas. Puedes usar la lista a continuación.

el automovilismo	el ejercicio	los parques zoológicos
los bares	los juegos de naipes	los partidos deportivos
el ciclismo	los juegos de vídeo	la práctica de deportes
el cine	la lectura de novelas	la radio
los conciertos	los museos	el teatro

MODELO: la radio →
En la radio *se presentan* buenos programas de noticias, especialmente en *National Public Radio.*

1. _____

_____

2. _____

_____

3. _____

_____

4. _____

_____

5. _____

_____

ACTIVIDAD D   Expansión léxica

Busca en el diccionario las otras formas de las siguientes palabras.

v. = verbo   **s.** = sustantivo   **adj.** = adjetivo

1. criticar   s. _____

adj. _____

2. premiar   s. _____

adj. _____

3. la apariencia   v. _____

adj. _____

4. el producto   v. _____

adj. _____

5. la capacidad   v. _____

6. sexista   s. _____

7. económico   v. _____

s. _____

8. realista   s. _____

                          v. _____

9. sensacionalista   v. _____

                          s. _____

ACTIVIDAD E   Tu pasatiempo preferido   (se)
Da instrucciones para hacer tres de tus pasatiempos preferidos sin mencionar su nombre. Usa el **se**
impersonal o pasivo. ¡A ver si tu profesor(a) puede adivinar a qué te refieres!

> MODELO: Esta actividad se practica al aire libre y se necesitan una raqueta, una pelota y ropa
> especial. Se juega entre dos o cuatro personas.
> (el tenis)

1. _____
   _____
   _____

2. _____
   _____
   _____

3. _____
   _____
   _____

ACTIVIDAD F   Lo bueno y lo malo de la televisión   (se)
Paso 1   En clase, se comentó lo bueno y lo malo de la televisión. ¿Estás de acuerdo con las opiniones de
la clase o no? Haz una lista de tres de las cosas buenas y tres de las cosas malas de la televisión, según el
consenso de la clase. Luego, indica si estás de acuerdo con la clase o no. Incluye tantas cosas como
puedas.

	ESTOY DE ACUERDO.	NO ESTOY DE ACUERDO.
LO BUENO DE LA TELEVISIÓN SEGÚN LA CLASE		

> MODELO: Se presentan muchas imágenes positivas de la mujer.

1. _____
   _____

2. _____
   _____

3. _____
   _____

LO MALO DE LA TELEVISIÓN SEGÚN LA CLASE

|ESTOY DE|NO ESTOY|
|ACUERDO.|DE ACUERDO.|

MODELO: Se presentan muchas imágenes negativas de la mujer.

1. _____

   _____

2. _____

   _____

3. _____

   _____

Paso 2   Escoge dos o tres de las afirmaciones del Paso 1 y da ejemplos que apoyan tu opinión.

_____

_____

_____

_____

_____

_____

_____

_____

_____

_____

IDEAS PARA EXPLORAR Los avances tecnológicos televisivos
••

Vocabulario del tema

VERBOS
abonar   inscribirse una persona, por medio de pago, para que pueda concurrir a alguna diversión
acceder a   tener acceso o entrada
emitir   producir ondas para hacer oír noticias, música; etcétera; transmitir
lanzar   introducir por primera vez

SUSTANTIVOS
el abonado (la abonada)   cliente
los canales   en el televisor, estaciones donde se reciben las transmisiónes
la empresa   negocio, compañía
la guía de programación   informe sobre los días y horas en que se presentarán los programas
el mando a distancia   aparato automático con que se dirige, a distancia, la conexión, interrupción, volumen, etcétera, de un televisor
la oferta   ofrecer en venta un producto cualquiera

Ejercicios escritos

EJERCICIO 1   Palabras clave

Repasa las definiciones de las siguientes palabras asociadas con los avances tecnológicos televisivos. Para cada una, escoge dos palabras o frases clave que te ayudan a recordar su significado.

MODELO: emitir → a.   transmitir   b.   ondas

1. lanzar   a. _____   b. _____

2. la oferta   a. _____   b. _____

3. abonar   a. _____   b. _____

4. el mando a distancia   a. _____   b. _____

5. acceder a   a. _____   b. _____

6. el abonado   a. _____   b. _____

7. la empresa   a. _____   b. _____

8. los canales   a. _____   b. _____

9. la guía de programación   a. _____   b. _____

*EJERCICIO 2   Definiciones

Escoge la palabra cuya definición oyes.

MODELO: (oyes) Es la acción de transmitir o producir ondas.
               (escoges) (a.) emitir
                          b.   lanzar
                          c.   acceder a

1. a. la empresa   4. a. el abonado
    b. la oferta   b. el mando a distancia
    c. el abonado   c. la oferta

2. a. la oferta   5. a. el mando a distancia
    b. el canal   b. la empresa
    c. la guía de programación   c. el abonado

3. a. el mando a distancia   6. a. el mando a distancia
    b. los canales   b. los canales
    c. la guía de programación   c. las ofertas

Gramática

«La modestia deberá ser la virtud para los que carecen de otras.»*

CONDITIONAL TENSE

A. Regular Forms

The conditional tense is formed by adding the endings **-ía, -ías, -ía, -íamos, -íais, -ían** to the infinitive of a verb.

INFINITIVE +	ENDINGS =	CONDITIONAL TENSE FORMS	
educar +	**-ía** **-ías** **-ía** **-íamos** **-íais** **-ían**	educaría educarías educaría educaríamos educaríais educarían	*I would educate* *you (s. fam.) would educate* *he/she/it/you (s. pol.) would educate* *we would educate* *you (pl. fam. Sp.) would educate* *they/you (pl. pol.) would educate*

B. Irregular Forms

The same verbs that are irregular in the future tense (see **Lección 1**) share that irregularity in the conditional. There is a minor change in the stem, but the endings are the same as regular conditional tense verbs as given in section A. Two verbs, **hacer** and **decir,** have idiosyncratic changes to the stem.

CHANGE	INFINITIVE	CONDITIONAL AND FUTURE STEM	CONDITIONAL TENSE FORMS OF FIRST PERSON SINGULAR	
drop **e** *from infinitive*	caber haber poder querer saber	cabr- habr- podr- querr- sabr-	cabría habría podría querría sabría	*I would fit* *I would have (auxiliary)* *I could (I would be able)* *I would like* *I would know*
d *replaces* **e** *or* **i** *of infinitive*	poner salir tener valer venir	pondr- saldr- tendr- valdr- vendr-	pondría saldría tendría valdría vendría	*I would put* *I would go out* *I would have* *I would be worth* *I would come*
idiosyncratic	decir hacer	dir- har-	diría haría	*I would say* *I would make; I would do*

---

*"Modesty should be the virtue of choice for those who lack others."

C. Functions

1. To express hypothetical action or situations that correspond to the meaning of "would" in English

Me **gustaría** ver más programas educativos para los niños.	*I would like to see more educational programs for children.*
Para mejorar la televisión, **eliminaríamos** los anuncios comerciales.	*To improve TV, we would eliminate the commercials.*
Mucha gente **censuraría** todo el contenido sexual en la televisión.	*Many people would censure all the sexual content on TV.*

2. To refer to the future from a past point of reference

Ellos dijeron que lo **harían** la semana que viene.	*They said that they would do it next week.*
El presidente prometió que **establecería** nuevos programas de salud.	*The president promised that he would establish new health programs.*
Me aseguraste que **tendrías** los documentos para hoy.	*You assured me that you would have the documents for today.*

3. To express possibility or probability in the past

¿Qué hora **sería** cuando viste a los sospechosos entrar en el banco?	*What time was it (probably, could it have been) when you saw the suspects enter the bank?*
Serían las ocho y media.	*It was probably eight thirty.*
El viaje cuesta $700 este año. ¿Cuánto **costaría** el mismo viaje en el año 1996?	*The trip costs $700 this year. I wonder how much the same trip would cost in the year 1996?*

4. To express politeness or deference

¿Me **podrías** traer un café, por favor?	*Could you please bring me a coffee?*
Perdone, ¿**sabría** Ud. dónde está la biblioteca?	*Pardon me, would you know where the library is?*
¿Nos **ayudarían** Uds. con el piano? Pesa mucho.	*Would you help us with the piano? It weighs a lot.*

ASÍ SE DICE

The expression **deber** + infinitive takes on special meaning in the conditional tense. While the present indicative of **deber** is used to express a rather strong obligation, the use of the conditional form of **deber** softens the sense of obligation. Compare the following sentences and their English equivalents.

No **debes** gastar tanto tiempo mirando la televisión.	*You mustn't waste so much time watching TV.*
No **deberías** gastar tanto tiempo mirando la televisión.	*You shouldn't waste so much time watching TV.*

Use the present tense of **deber** + infinitive when you want to express *must (do something)* and use the conditional tense when you want to express *should (do something)*.

Nombre ___ **Fecha** ___ **Clase** ___

🎧 Práctica de escuchar

PRÁCTICA 1 Contrast Between Conditional and Imperfect

Patricio is a communications student. He is talking about what he would do if he were in charge of a TV station and what he used to do before studying communications. Indicate which of the sentences are about something Patricio would do hypothetically (**algo que haría**) and which are about something he used to do (**algo que hacía**). The answers are given on the audio program.

> ### ESTRATEGIA PARA ESCUCHAR
> Since **-er/-ir** imperfect and conditional endings are the same, you'll need to listen for the unstressed "extra" syllable in the conditional. For example, **comería** (conditional) versus **comía** (imperfect).

MODELO: (oyes) Veía muchísimo el programa de entrevistas de Geraldo.
(escoges) algo que haría ☐ algo que hacía ☑

	ALGO QUE HARÍA	ALGO QUE HACÍA		ALGO QUE HARÍA	ALGO QUE HACÍA
1.	☐	☐	6.	☐	☐
2.	☐	☐	7.	☐	☐
3.	☐	☐	8.	☐	☐
4.	☐	☐	9.	☐	☐
5.	☐	☐	10.	☐	☐

🎧 PRÁCTICA 2 Contrast Between Future Tense and Conditional Tense

Listen to ten statements made by a typical television viewer. Indicate whether the viewer is talking about what will happen (future: **Pasará**) or what would happen if it were possible (conditional: **Pasaría**). The answers are given on the audio program.

> ### ESTRATEGIA PARA ESCUCHAR
> Because both the future tense and the conditional are based on the infinitive of a verb, you will need to listen for the verb endings to distinguish between the two forms. Remember that the future forms end with a stressed final syllable (except for the **nosotros** form, where the stress falls on the next-to-last syllable), **-é, -ás, -á, -emos, -éis, -án.** The conditional forms all have endings based on **-ía: -ía, -ías, -ía, -íamos, -íais, -ían.**

MODELO: (oyes) Tendría mas oportunidades para escoger la programación.
(indicas) Pasará ☐ Pasaría ☑

	PASARÁ	PASARÍA		PASARÁ	PASARÍA
1.	☐	☐	6.	☐	☐
2.	☐	☐	7.	☐	☐
3.	☐	☐	8.	☐	☐
4.	☐	☐	9.	☐	☐
5.	☐	☐	10.	☐	☐

Ejercicios escritos

*EJERCICIO 1   ¿Qué creías?
The following are typical situations that you may have thought about in the past as you planned your future. Choose the reaction or combination of reactions that most closely matches your beliefs for each situation. Then complete the reaction by writing a complete sentence.

> MODELO: el primer trabajo
> a. ganar mucho dinero/experiencia   b. ser divertido/aburrido   c. ser fácil/difícil →
> Yo creía que ganaría mucho dinero y que sería muy divertido.

1. el estudio del español
    a. ser fácil/difícil   b. sacar buenas notas / malas notas   c. (no) gustarme mucho

    Yo creía que... _____

    _____

2. el primer trabajo
    a. ganar mucho dinero/experiencia   b. ser divertido/aburrido   c. ser fácil/difícil

    Yo creía que... _____

    _____

3. el primer viaje solo
    a. (no) divertirme mucho   b. poder hacer cualquier cosa   c. (no) tener miedo

    Yo creía que... _____

    _____

4. vivir en una residencia estudiantil o en una ciudad universitaria
    a. (no) tener mucha libertad   c. (no) conocer a muchas personas
    b. (no) asistir a muchas fiestas

    Yo creía que... _____

    _____

5. la primera experiencia amorosa
    a. durar para siempre   b. terminar rápidamente   c. no olvidarla nunca

    Yo creía que... _____

    _____

6. fumar cigarrillos o tomar bebidas alcohólicas o café por primera vez
    a. (no) estar nervioso/a   b. ponerme enfermo/a   c. (no) gustarme mucho

    Yo creía que... _____

    _____

7. usar una computadora
    a. ser fácil/difícil   b. tener miedo   c. (no) ayudarme mucho

    Yo creía que... _____

    _____

8. cocinar por primera vez
   a. ser divertido/aburrido   b. (no) interesarme   c. todo salir bien/mal

   Yo creía que... _____

   _____

9. hablar en público por primera vez
   a. (no) estar nervioso/a   b. parecer listo/a / tonto/a   c. (no) hacer errores

   Yo creía que... _____

   _____

10. ver una película de horror por primera vez
    a. (no) afectarme   b. (no) tener miedo   c. ser exagerada/realista

    Yo creía que... _____

    _____

*EJERCICIO 2   ¿Eres adicto/a a la televisión?

Are you a true TV addict? There are four situations presented below, each followed by three possible choices of action. Read each situation and then complete the choices with the appropriate form of the conditional. Finally, place a check mark in the box next to the choice that you would most likely make in that situation. (You may only check one choice for each situation.) A measure of your addiction to TV is given at the end of the test. ¡**Buena suerte!**

1. Estás con tu novio/a, esposo/a o amigo/a especial y esa persona quiere mirar un programa que no te gusta.

   ☐ a. Yo (cambiar) _____ el programa por uno que me gusta.

   ☐ b. Yo (mirar) _____ el programa que la otra persona quiere.

   ☐ c. Yo (salir) _____ y (hacer) _____ otra cosa.

2. La compañía televisiva quiere añadir varios canales al servicio pero también quiere aumentar el precio actual del servicio al doble del precio actual.

   ☐ a. Yo (pagar) _____ el nuevo precio.

   ☐ b. Yo (buscar) _____ otro servicio, como el servicio por satélite.

   ☐ c. Yo (cancelar) _____ el servicio por cable y (dedicarme)

   _____ a otro pasatiempo.

3. Tu programa favorito se transmite a la misma hora que tienes una cita con un buen amigo.

   ☐ a. Yo (inventar) _____ una excusa para quedarme en casa.

   ☐ b. Yo (grabar) _____ el programa en la videocasetera.

   ☐ c. Yo (irme) _____ con mi amigo y no (preocuparme)

   _____ por el programa.

4. Estás mirando un nuevo programa. No te interesa mucho la historia pero hay actores y actrices muy atractivos en el programa.

☐ a. Yo (continuar) _____ mirando el programa.

☐ b. Yo (buscar) _____ otro programa en la guía.

☐ c. Yo (apagar) _____ la televisión.

Respuestas **a** = 2 puntos **x** número de respuestas **a** _____
Respuestas **b** = 1 punto **x** número de respuestas **b** _____
Respuestas **c** = 0 puntos
Total de puntos _____

Si el total es de 5 a 8 puntos:

Tienes una adicción total. No tienes vida social. Debes tirar el televisor por la ventana y consultar con un sicólogo.

Si el total es de 4 a 7 puntos:

No eres adicto/a pero tienes tendencias a serlo. Es hora de analizar tu vida y buscar otras formas de recreo. ¿Qué te parece un deporte?

Si el total es de 0 a 3 puntos:

¡Felicitaciones! Eres una persona con mucho dominio sobre ti mismo/a. No dejas que la televisión controle tu vida. Tienes tiempo para ayudar a tus compañeros de clase que sacaron más puntos en esta prueba.

---

*EJERCICIO 3   Practicing the Irregular Forms of the Conditional

Complete each initial phrase by conjugating the verb in parentheses in the conditional. Then match each phrase with its logical ending to create a sentence. Write the letter of the appropriate ending in the blank.

1. ____ Los actores (ponerse) _____

2. ____ Yo (decir) _____

3. ____ Muchos profesores (dejar) _____

4. ____ Los estudiantes (poder) _____

5. ____ Los niños no (tener) _____

6. ____ Los padres (querer) _____

7. ____ El jefe de un canal televisivo (hacer)

_____

8. ____ Los adolescentes (venir) _____

a. un televisor con controles especiales para sus hijos.

b. cualquier cosa para aumentar el número de televidentes de su canal.

c. a un lugar que ofrece películas y comida gratis.

d. la ropa más fea con tal de hacer un papel importante en una película.

e. que soy el rey de Polonia por conseguir boletos gratis para ver una buena película.

f. ninguna queja con la idea de mirar la televisión todo el día.

g. influir en la programación televisiva si unieran sus esfuerzos.

h. su puesto en la universidad si los censuraran.

Actividades optativas de vocabulario y gramática

ACTIVIDAD A   Con tus propias palabras
Escribe, con tus propias palabras, definiciones para las siguientes palabras. Trata de hacerlo sin referirte a las definiciones anteriormente presentadas.

1. lanzar ———————————————————————————————

———————————————————————————————————

2. acceder a ———————————————————————————————

———————————————————————————————————

3. la oferta ———————————————————————————————

———————————————————————————————————

4. la empresa ———————————————————————————————

———————————————————————————————————

5. emitir ———————————————————————————————————

———————————————————————————————————

6. el mando a distancia ————————————————————————————

———————————————————————————————————

7. el abonado ———————————————————————————————

———————————————————————————————————

8. la guía de programación ——————————————————————————

———————————————————————————————————

ACTIVIDAD B   ¿Estás de acuerdo?
Indica si estás de acuerdo o no con las ideas expresadas en cada oración. Luego, explica tus razones.

1. El mando a distancia es un salvavidas.

———————————————————————————————————

———————————————————————————————————

2. Las ofertas que hacen las empresas televisivas no son ofertas verdaderas, sólo parecen serlo.

———————————————————————————————————

———————————————————————————————————

3. Se debe diseñar un canal que presente programas sobre la vida real de las personas, en vez de programas con actores.

———————————————————————————————————

———————————————————————————————————

4. Se debe prohibir la transmisión de canales para adultos en hogares con niños.

_____

_____

5. Nadie tiene el derecho de censurar lo que ven los abonados en la televisión.

_____

_____

ACTIVIDAD C   Expansión léxica
Busca en el diccionario las otras formas de las siguientes palabras.

v. = verbo   **s.** = sustantivo   **adj.** = adjetivo

1. emitir   s. _____

2. lanzar   s. _____

3. la guía   v. _____

                             adj. _____

4. la programación   v. _____

                             adj. _____

5. oferta   v. _____

6. el mando   v. _____

                             adj. _____

7. el/la abonado/a   v. _____

ACTIVIDAD D   ¿Qué harías... ?   (Conditional)
Escribe una oración en que describes lo que harías en estas situaciones hipotéticas.

MODELO: Estás en casa y las luces se apagan. →
         Yo buscaría una vela y esperaría.

1. Alguien te invita a salir pero esa persona nunca llega.

_____

_____

2. Llegas a una fiesta y te das cuenta de que eres la única persona vestida informalmente.

_____

_____

3. Te levantas a las nueve y te das cuenta de que había un examen en tu clase de las ocho.

_____

_____

4. Tu compañero/a de cuarto quiere ver un programa y tú quieres ver otro.

_____

_____

5. Alguien que no conoces bien te invita a acompañarlo/la de vacaciones sin que tú tengas que gastar dinero en nada.

_____

_____

6. Tu amigo íntimo / amiga íntima quiere copiar tu examen de español.

_____

_____

7. Encuentras una araña enorme en el baño.

_____

_____

8. Un empleado del banco se equivoca y deposita mil dólares en tu cuenta.

_____

_____

9. Tienes la oportunidad de asistir a un concierto de tu conjunto preferido el mismo día que tienes una reunión muy importante en el trabajo.

_____

_____

10. Estás en una ciudad grande y te pierdes. El coche que manejas se descompone en un barrio peligroso y no hay teléfono.

_____

_____

ACTIVIDAD E ¿Qué cambiarías?   (Conditional)

Basándote en las actividades de la clase y también en las actividades de este *Manual,* haz una lista de por lo menos ocho cosas que cambiarías de la televisión. Usa el conditional. Debes repasar el vocabulario del libro de texto y del *Manual* para sacar ideas.

Si yo pudiera controlar la programación, …

1. _____

_____

2. _____

_____

3. _____

_____

4. _____

_____

5. _____

_____

6. _____

_____

7. _____

_____

8. _____

_____

ACTIVIDAD F   En un mundo ideal   (Conditional)

¿Cómo sería tu mundo ideal? Escribe por lo menos ocho oraciones en que describes tu mundo ideal. Usa el conditional.

MODELO: En mi mundo ideal, no existiría el racismo.

En mi mundo ideal, …

1. _____

_____

2. _____

_____

3. _____

_____

4. _____

_____

5. _____

_____

6. _____

_____

7. _____

_____

8. _____

_____

IDEAS PARA EXPLORAR   La identidad nacional

Vocabulario del tema

VERBOS
acelerar   hacer que algo vaya más rápido
alcanzar   conseguir; lograr
calificar   evaluar; apreciar
difundir   transmitir
influir en   producir una cosa cambios sobre otra; afectar

SUSTANTIVO
la exposición   exhibición pública

ADJETIVOS
acentuado/a   muy marcado/a
escaso/a   poco abundante; insuficiente; limitado/a

Ejercicios escritos

EJERCICIO 1   Palabras clave
Repasa las definiciones de las siguientes palabras asociadas con la identidad nacional. Para cada una,
escoge dos palabras o frases clave que te ayudan a recordar su significado.

MODELO: exposición   →   a. exhibición   b. en público

1. escaso/a   a. ——————————   b. ——————————
2. acelerar   a. ——————————   b. ——————————
3. influir en   a. ——————————   b. ——————————
4. acentuado/a   a. ——————————   b. ——————————
5. calificar   a. ——————————   b. ——————————
6. difundir   a. ——————————   b. ——————————
7. alcanzar   a. ——————————   b. ——————————

*EJERICIO 2   Sinónimos
Escribe la palabra de la lista que corresponde a las palabras subrayadas.

MODELO: Elvis Presley no <u>logró</u> vivir muchos años. → g.   alcanzó a

a. influir en   c. difundir   e. exposiciones   g. alcanzó (a)
b. calificar   d. escasos   f. acelerar

1. ——— El abonado quería <u>expedir</u> el proceso de instalar el sistema de cable en su hogar.

2. ——— En el siglo XXI, las <u>ferias</u> de la tecnología televisiva ocurrirán por la red.

3. ——— Los canales de que la gente pobre dispone en la televisión son <u>insuficientes</u>.

4. ——— En el siglo XXI, todos los productos y servicios se van a <u>transmitir</u> por la red y no
     tendremos necesidad de almacenes o centros comerciales.

5. ——— Se deben <u>evaluar</u> todos los programas y difundirlos basados en esos criterios.

⌒ *EJERCICIO 3   Asociaciones

Escribe la palabra que lógicamente asocias con las palabras o frases que oyes.

> MODELO: (oyes)   ¿Con qué palabra asocias muy marcado?
> (escoges)   acentuado

1. _____
2. _____
3. _____
4. _____
5. _____
6. _____
7. _____

Gramática

> «Si los locos **usaran** coronas, todos **seríamos** reyes.»*

CONTRARY-TO-FACT STATEMENTS

To express conditions contrary to fact, use the conditional tense in the main clause and the past subjunctive in the clause introduced by **si** (*if*).

PAST SUBJUNCTIVE

The past subjunctive is formed by taking the third person plural form of the preterite tense, deleting **-on,** and adding **-a, -as, -a, -amos, -ais, -an.** All first person plural (**nosotros**) forms require an accent on the final vowel in the stem.

A. Regular Forms

-ar	-er	-ir
aumentar	**establecer**	**prohibir**
aumentara	estableciera	prohibiera
aumentaras	establecieras	prohibieras
aumentara	estableciera	prohibiera
aumentáramos	estableciéramos	prohibiéramos
aumentarais	establecierais	prohibierais
aumentaran	establecieran	prohibieran

B. Irregular Forms

The stem changes or other irregularities that appear in the third person plural preterite are also found in the past subjunctive. The endings for the past subjunctive are the same for all verbs, regular and irregular. Here are some common irregular verbs and their past subjunctive forms.

---

*"If madmen wore crowns, we'd all be kings."

INFINITIVE	THIRD PERSON PLURAL PRETERITE		PAST SUBJUNCTIVE
dar	dier~~on~~	→	diera, dieras, diéramos, …
decir	dijer~~on~~	→	dijera, dijeras, dijéramos, …
estar	estuvier~~on~~	→	estuviera, estuvieras, estuviéramos, …
hacer	hicier~~on~~	→	hiciera, hicieras, hiciéramos, …
ir/ser	fuer~~on~~	→	fuera, fueras, fuéramos, …
oír	oyer~~on~~	→	oyera, oyeras, oyéramos, …
poder	pudier~~on~~	→	pudiera, pudieras, pudiéramos, …
poner	pusier~~on~~	→	pusiera, pusieras, pusiéramos, …
querer	quisier~~on~~	→	quisiera, quisieras, quisiéramos, …
tener	tuvier~~on~~	→	tuviera, tuvieras, tuviéramos, …
venir	vinier~~on~~	→	viniera, vinieras, viniéramos, …

¡OJO!

In some parts of the Spanish-speaking world, there is an alternate form of the past subjunctive. Instead of adding **-a, -as, -a, -amos, -ais, -an,** the **r** is dropped and the following alternate endings are used: **-se, -ses, -se, -semos, -seis, -sen.** For example, **hablara** would be **hablase** and **habláramos** would be **hablásemos.** There is no difference in meaning. While the **-ra** endings are more common, you should recognize the **-se** endings as past subjunctive forms.

C. Functions

The most common use of the past subjunctive is in contrary-to-fact statements with the conditional. These statements express what needs to take place for the consequence to happen. They express conditions that do not exist and are therefore contrary to fact. These statements take the form, *If X, then Y,* with the past subjunctive following *If* and the conditional or past subjunctive following *then.* These statements can also take the form, *Y, if X* with no change in meaning.

Si **tuviera** más tiempo, **leería** más libros.	*If I had more time, then I would read more books.*
¿Qué **harías** si **fueras** el presidente de este país?	*What would you do if you were the president of this country?*
Yo **dejaría** de fumar si **pudiera.**	*I would quit smoking if I could.*
Si ellos **supieran** la verdad, me **matarían.**	*If they knew the truth, they would kill me.*
Si yo **fuera** tú, no lo **haría.**	*If I were you, I wouldn't do it.*

Other sentences can take the form, *If X, then Y*, with the present tense following *If* and the future tense following *then*. These statements express something that may or may not happen rather than conditions that do not exist. Contrast the following pairs of sentences.

Si **puedo,** te **ayudaré** mañana.	*If I can, I will help you tomorrow.*
Si **pudiera,** te **ayudaría** mañana.	*If I could, I would help you tomorrow.* (Implying that I cannot help you and, therefore, will not.)
Ángela **traerá** el libro si lo **encuentra.**	*Ángela will bring the book if she finds it.*
Ángela **traería** el libro si lo **encontrara.**	*Ángela would bring the book if she found it.* (Implying that she has not found it and, therefore, will not bring it.)

Práctica de escuchar

In contrary-to-fact statements and in future-possiblility statements with the *If X, then Y* construction, there are two available cues to meaning. First, if the verb after the word **si** ends in **-ra, -ras, -ra, -ramos, -rais, -ran,** you know it is the past subjunctive and is a contrary-to-fact statement. If it is in the present tense, then you will know that it is a statement of future possibility. Second, the other verb of the statement will either be in the conditional, ending in **-ía, -ías, -ía, -íamos, -íais, -ían,** or in the future, ending in **-é, -ás, -á, -emos, -éis, -án.** If it is the conditional, then you will know that it is a contrary-to-fact statement.

PRÁCTICA 1   Contrast Between Contrary-to-Fact Sentences with the Past Subjunctive and Sentences of Possibility with the Future Tense (I)
Choose the best ending to each sentence that you hear. The answers are given on the audio program.

> MODELO: (oyes) Si pudiera, …
> (escoges) ⓐ yo escucharía el programa que me recomendaste.
> b. yo escucharé el programa que me recomendaste.

1. a. yo eliminaría los anuncios comerciales.

   b. yo eliminaré los anuncios comerciales.

2. a. yo compraría un equipo de discos laser.

   b. yo compraré un equipo de discos laser.

3. a. yo alquilaría más películas en vídeo.

   b. yo alquilaré más películas en vídeo.

4. a. yo miraría la televisión todas las noches.

   b. yo miraré la televisión todas las noches.

5. a. yo pagaría extra para verlas.

   b. yo pagaré extra para verlas.

PRÁCTICA 2   Contrast Between Contrary-to-Fact Sentences with the Past Subjunctive and Sentences of Possibility with the Future Tense (II)
Choose the best ending to each sentence that you hear. The answers are given on the audio program.

> MODELO: (oyes)   Yo no vería tanto la televisión...
>
>   (escoges) ⓐ   si los programas no fueran tan interesantes.
>   b.   si los programas no son tan interesantes.

1. a. si establecieran más estaciones buenas.

   b. si establecen más estaciones buenas.

2. a. si me ofrecieran la oportunidad.

   b. si me ofrecen la oportunidad.

3. a. si emitieran programas educativos.

   b. si emiten programas educativos.

4. a. si dejaran de mostrar programas de cocina.

   b. si dejan de mostrar programas de cocina.

5. a. si los presentaran de otra manera.

   b. si los presentan de otra manera.

Ejercicios escritos

EJERCICIO 1   Constructing Contrary-to-Fact Statements
Complete the sentence beginnings from column A with a logical choice from column B to make sentences that are true for you. Make any changes necessary to make them contrary-to-fact sentences using the conditional and the past subjunctive. Use a different ending from column B for each sentence.

> MODELO: Yo (no) mirar la televisión más... / si haber más programas buenos →
>   Yo *miraría* la televisión más si *hubiera* más programas buenos.

A	B
Yo (no) andar en bicicleta...	si estudiar más
Yo (no) aprender más geografía...	si hacer más esfuerzo
Yo (no) estar más contento/a...	si la gasolina costar más
Yo (no) leer más...	si los restaurantes no ser tan caros
Yo (no) llamar a la policía...	si no pasar tanto tiempo solo/a
Yo (no) participar más en la política...	si poder pagar el alquiler del apartamento
Yo (no) practicar el español más...	si saber que iba a ayudarme en algo
Yo (no) sacar mejores notas...	si ser más divertido/a
Yo (no) salir a comer con más frecuencia...	si ser más seguro/a y hay menos tráfico
Yo (no) vivir solo/a...	si servirme para conseguir un trabajo
	si tener la oportunidad
	si tener más dinero
	si ver un robo

1. _____
   _____

2. _____
   _____

3. _____
   _____

4. _____
   _____

5. _____
   _____

6. _____
   _____

7. _____
   _____

8. _____
   _____

9. _____
   _____

10. _____
    _____

*EJERCICIO 2   ¿Qué pasaría si fuésemos tan rápidos como la luz?
Paso 1   Lee el siguiente extracto de un artículo sobre la teoría de la relatividad de Einstein. Pon un círculo alrededor de todos los verbos en el pasado de subjuntivo que ves en él.

RELATIVIDAD

EL GENIO VELOZ. Si Einstein viajara a 300.000 kilómetros por segundo le pasarían cosas muy raras. Primero, como consecuencia de la contracción longitudinal del espacio, el cuerpo se le encogería[1] hasta alcanzar el grosor[2] de un papel. Además, sus movimientos se harían cada vez más lentos y el tiempo llegaría a detenerse. La masa inerte del físico crecería tanto que podría igualarse a la de un agujero negro[3] y las distancias interespaciales se reducirían hasta desaparecer en apariencia.

[1] *would shrink*   [2] *thickness*   [3] *agujero... black hole*

Paso 2 Subraya los verbos en el condicional.

Paso 3 Ahora, escoge la respuesta correcta para las siguientes oraciones según el artículo.

Si pudiéramos viajar tan rápido como la luz…

1. a. el cuerpo se nos haría más ancho.

   b. el cuerpo se nos haría más estrecho.

2. a. el tiempo pasaría más rápidamente.

   b. el tiempo pasaría más lentamente.

3. a. pesaríamos menos y menos.

   b. pesaríamos más y más.

4. a. las distancias disminuirían.

   b. las distancias aumentarían.

Actividades optativas de vocabulario y gramática

ACTIVIDAD A   Con tus propias palabras
Escribe una oración sobre algo verdadero usando cada una de las siguientes palabras.

1. escaso/a _____

2. difundir _____

3. alcanzar _____

4. acentuado/a _____

5. acelerar _____

6. exposición _____

7. influir en _____

8. calificar _____

ACTIVIDAD B   ¿Estás de acuerdo?
Indica si estás de acuerdo o no con las ideas expresadas en cada oración. Luego, explica tus razones.

1. Los avances tecnológicos siempre resultan en algo positivo, no negativo.

_____

2. Los avances tecnológicos ofrecen cada vez más opciones al abonado.

_____

_____

3. En el futuro, la televisión se difundirá sólo por satélite digital.

_____

_____

4. Los avances tecnológicos hacen el mundo cada vez más pequeño.

_____

_____

ACTIVIDAD C   Definiciones
Escribe, con tus propias palabras, definiciones de las siguientes palabras. Trata de hacerlo sin referirte a las definiciones anteriormente presentadas.

1. escaso/a _____

_____

2. acentuado/a _____

_____

3. la exposición _____

_____

ACTIVIDAD D   Expansión léxica
Busca en el diccionario las otras formas de las siguientes palabras.

v. = verbo   **s.** = sustantivo   **adj.** = adjetivo

1. difundir   s. _____

                    adj. _____

2. acelerar   s. _____

                    adj. _____

3. alcanzar   s. _____

                    adj. _____

4. acentuado/a   v. _____

5. escaso/a   s. _____

                    v. _____

6. influir en   s. _____

                    adj. _____

7. calificar   s. _____

adj. _____

ACTIVIDAD E   ¿Qué pasaría si... ?   (Conditional + Past Subjunctive)
¿Qué pasaría si pudiéramos hacer o tener cosas que hoy día parecen imposibles? Escoge cinco logros o
inventos de la lista o piensa en otros. Luego, escribe por lo menos dos cosas que pasarían o que
podríamos hacer si fuera realidad cada uno de ellos.

¿Qué pasaría si existiera(n)... ?

el aprendizaje por ósmosis
las cocinas automáticas
los coches voladores
la comunicación sin palabras
la erradicación de la delincuencia

la erradicación de las enfermedades
la ingeniería genética comercial
la inmortalidad del cuerpo
los robots con inteligencia
los trenes ultrarrápidos

MODELO: ¿Qué pasaría si →
vivieramos en la Luna? *Tendríamos* que construir ciudades completamente cerradas a la
atmósfera. *Llevaríamos* ropa especial para protegernos del sol.

1. ¿Qué pasaría si _____?

_____

_____

_____

2. ¿Qué pasaría si _____?

_____

_____

_____

3. ¿Qué pasaría si _____?

_____

_____

_____

4. ¿Qué pasaría si _____?

_____

_____

_____

5. ¿Qué pasaría si _____?

_____

_____

_____

ACTIVIDAD F   ¿Qué harías si... ?   (Conditional + Past Subjunctive)

¿Qué harías si pudieras tenerlo todo y hacer todo lo que quisieras? Describe tu vida fantástica sin límites en un párrafo de por lo menos ocho oraciones. Usa el condicional y el pasado de subjuntivo.

_____

_____

_____

_____

_____

_____

_____

_____

_____

_____

ACTIVIDAD G   La televisión sería mejor si...   (Conditional + Past Subjunctive)

En clase, se comentó en grupos cómo mejorar la televisión. ¿Qué ideas tienes tú para mejorar otros aspectos de la sociedad? Completa las siguientes oraciones con una idea tuya. Cuidado con las formas verbales en el pasado de subjuntivo.

1. La radio sería mejor si _____

_____

2. El gobierno funcionaría mejor si _____

_____

3. El medio ambiente se mejoraría si _____

_____

4. No habría tantos estereotipos negativos si _____

_____

5. El sistema educativo funcionaría mejor si _____

_____

6. Habría menos homicidios si _____

_____

7. La clase de español podría ser mejor si _____

_____

LECCIÓN 15
LITERATURA Y ARTE

LITERATURA
• •

Vocabulario útil

CONSEJO PRÁCTICO

You will come across a great many words in the poem "Telenovela" that you already know. You will also come across unfamiliar words. The following vocabulary list and exercises are meant to help you through the reading. Don't worry about incorporating this vocabulary into your daily speech.

VERBOS
acertar (a)	to be able (to)
ahuyentar	to chase away
brindar	to toast (with a drink)
costear	to pay for
mascullar	to mumble
urdir	to scheme, dream up

SUSTANTIVOS
el aliento	breath
el aula (but *f.*)	classroom
la beatitud	saintliness
la carencia	need, wanting

la cátedra	lecture
el/la cómplice	accomplice
el loor	praise
el merodeo	wandering
la potestad	authority
la rencilla	disagreement
el/la siervo/a	servant
la vitrina	glass showcase

ADJETIVOS
idóneo/a	original
menesteroso/a	needy

Ejercicios escritos

*EJERCICIO 1   Asociaciones
Después de estudiar el vocabulario anteriormente presentado, empareja cada palabra de la columna A con su definición o descripción de la columna B.

A	B
1. —— mascullar	a. felicidad eterna
2. —— vitrina	b. que no tiene nada
3. —— urdir	c. suceder por casualidad
4. —— brindar	d. hacer preparativos para algo
5. —— aula	e. alejar a alguien
6. —— ahuyentar	f. tomar vino en honor de alguien o de alguna ocasión especial
7. —— beatitud	g. hablar en voz muy baja o entre dientes
8. —— acertar	h. escaparate de una tienda para la exhibición de productos
9. —— menesteroso	i. salón de clase

EJERCICIO 2   Definiciones

Escoge la palabra cuya definición o descripción oyes. Las respuestas se dan en el programa de audio.

1.	a.	la rencilla	b.	la cátedra	c.	la beatitud
2.	a.	ahuyentar	b.	brindar	c.	urdir
3.	a.	el aula	b.	la vitrina	c.	el aliento
4.	a.	costear	b.	acertar	c.	mascullar
5.	a.	el merodeo	b.	el loor	c.	el cómplice
6.	a.	la potestad	b.	el siervo	c.	la beatitud
7.	a.	ahuyentar	b.	mascullar	c.	brindar

*EJERCICIO 3   Más asociaciones

Escribe la palabra de la lista de vocabulario que se asocia lógicamente con las frases que oyes.

MODELO: (oyes)   el salón de clase
             (escoges)   el aula

1. _____	5. _____
2. _____	6. _____
3. _____	7. _____
4. _____	8. _____

Segunda exploración

ACTIVIDAD A   Escuchar y leer

Paso 1   Ya que has hecho las actividades de Primera exploración en clase, debes escuchar la lectura de «Telenovela» antes de continuar con las actividades de Segunda exploración.

Sugerencias

- Repasa las actividades de Primera exploración antes de escuchar.
- Lee el poema en tu libro de texto mientras lo escuchas.

Paso 2 Cuando hayas escuchado su lectura, sigue con las actividades de la Segunda exploración.

ACTIVIDAD B Leer y contar frente a ver
Paso 1 Al referirse a Homero, Scherezada y a la gente de la tribu en la primera estrofa, la poeta hace referencia a las tradiciones orales y escritas como medios de comunicación.

¿Con qué obras literarias se asocian Homero y Scherezada?

Homero ——

Scherezada ——

Paso 2 Lee la siguiente lista e indica quién te leía o te contaba historias cuando eras niño/a.

——— tu madre

——— tu padre

——— tu abuela

——— tu abuelo

——— tus hermanos mayores

——— tus vecinos

——— otros familiares: ——————————

——— tus amigos

——— tus maestros

——— nadie

Paso 3 En la primera estrofa se mencionan «el sitio», «el centro» y «el lugar en que se congregaba la gente». En tu familia, ¿qué cuarto de la casa es «el centro en que se congrega la gente»?

——

¿Hay un televisor en este cuarto? sí ☐ no ☐

Paso 4 Primero, indica cuál de estas dos actividades hacías más.

leer ☐   ver la televisión ☐

Luego, contesta la siguiente pregunta según tus propias experiencias: ¿Crees que en nuestra sociedad las tradiciones orales y escritas se han perdido?

——

——

——

——

——

——

ACTIVIDAD C Una actividad comunal
Paso 1 La última palabra de la segunda estrofa es **cómplices**. Escribe por lo menos tres palabras que asocias con ser cómplice.

a. ————————————————————————

b. ————————————————————————

c. ————————————————————————

d. ————————————————————————

Paso 2   Explica con tus propias palabras cómo la palabra **cómplice** describe perfectamente el papel que desempeñan la señora y la sierva.

_____

_____

_____

_____

Paso 3   Escribe aquí tres nombres, por lo menos, de tres programas (o tipo de programas) que son mejores cuando se ven en compañía de otros.

a.   _____

b.   _____

c.   _____

d.   _____

¿Se sienten Uds. «cómplices» en algunos de esos programas? ¿Cuáles son? ¿Por qué se sienten así?

_____

_____

_____

_____

_____

ACTIVIDAD D   La concepción y creación del hombre

Paso 1   Lee la estrofa 9 antes de contestar las siguientes preguntas.

1.   ¿A qué se refiere **ello** en la primera línea?
     a.   al hecho de comprar
     b.   al orgasmo
     c.   a la beatitud
     d.   a uno de los dioses

2.   ¿A qué se refiere **él** en la línea 4?
     a.   a un dios
     b.   al hombre
     c.   al orgasmo
     d.   a un elemento

3.   ¿A qué se refiere **le** en la línea 5?
     a.   a un ser menesteroso
     b.   a una criatura
     c.   a un elemento
     d.   a la herejía

Paso 2   Escribe un párrafo explicando si estás de acuerdo o no con esta descripción del hombre. Debes incluir por lo menos tres ejemplos que apoyen tu opinión.

_____

_____

_____

_____

_____
_____
_____
_____
_____

ACTIVIDAD E   Los publicistas y los anuncios publicitarios

Paso 1   Apunta tres papeles que antes desempeñaban los poetas y filósofos y que ahora desempeñan los publicistas.

a. _____

b. _____

c. _____

Paso 2   Lee de nuevo la narración de Galeano que aparece en la página 214 del libro de texto. Luego, lee las estrofas 7, 8 y 9 del poema de Castellanos. Compara y contrasta los dos puntos de vista acerca de los anuncios publicitarios.

_____
_____
_____
_____
_____
_____
_____
_____
_____
_____

En tu opinión, ¿son justificadas las críticas que se le hacen a la sociedad contemporánea?

_____
_____
_____
_____
_____

ACTIVIDAD F   Los temas

Paso 1   Repasa las actividades que se encuentran en Primera exploración. Luego, lee el poema desde el principio hasta el fin. Al leerlo, busca los varios temas tratados.

a. _____

b. _____

c. _____

d. _____

e. _____

f. _____

g. _____

Paso 2   Con tus propias palabras, escribe una oración relativa al enfoque de cada tema en el poema.

a. _____
_____

b. _____
_____

c. _____
_____

d. _____
_____

e. _____
_____

f. _____
_____

g. _____
_____

ACTIVIDAD G   Escuchar de nuevo

Ahora que has hecho los ejercicios sobre la lectura, escucha una vez más el poema. Esta vez no te preocupes de nada: escúchalo sólo por el placer de oírlo y apreciar lo que logró Rosario Castellanos al escribirlo.

LECCIÓN 16
RESUMEN Y REPASO

RESUMEN LÉXICO
• •

¿Por qué ves la televisión?

VERBOS
animar
distraer
educar
emocionar

entretener
escapar
estimular
informar
inspirar

SUSTANTIVOS
el/la televidente

ADJETIVOS
televisivo/a

La programación

VERBOS
los anuncios publicitarios
las comedias
los concursos

los dibujos animados
los dramas
los noticieros
los programas de entrevista

las series de acción
las telenovelas
los vídeos musicales

La televisión y los niños

VERBOS
dañar
entregar
favorecer

impedir
proporcionar
vigilar

SUSTANTIVOS
el vicio
la vista

Las imágenes presentadas en la televisión

VERBOS
criticar
premiar

SUSTANTIVOS
la actitud
la apariencia física

la capacidad intelectual
el grupo étnico
el nivel económico
el nivel social
los productos
los servicios

ADJETIVOS
ofensivo/a
realista
sensacionalista
sexista

Los avances tecnológicos televisivos

VERBOS	SUSTANTIVOS	el mando a distancia
abonar	el abonado (la abonada)	la oferta
acceder a	los canales	
emitir	la empresa	
lanzar	la guía de programación	

La identidad nacional

VERBOS

acelerar
alcanzar
calificar
difundir
influir en

SUSTANTIVOS

la exposición

ADJETIVOS

acentuado/a
escaso/a

RESUMEN GRAMATICAL

· ·

OBJECT PRONOUNS   (Lección 13)

1. Direct Object Pronouns

me	nos
te	os
lo/la	los/las

2. Indirect Object Pronouns

me	nos
te	os
le	les

PRESENT SUBJUNCTIVE IN EVALUATIVE STATEMENTS   (Lección 13)

REVIEW OF THE PRESENT SUBJUNCTIVE

Regular Forms

-ar VERBS (adivinar)	-er VERBS (creer)	-ir VERBS (abrir)
adivine	crea	abra
adivines	creas	abras
adivine	crea	abra
adivinemos	creamos	abramos
adivinéis	creáis	abráis
adivinen	crean	abran

Irregular Forms

suponer, tener, venir		atraer, caer, hacer		conocer, parecer, producir	
supong- teng- veng-	a as a amos áis an	atraig- caig- hag-	a as a amos áis an	conozc- parezc- produzc-	a as a amos áis an

Spelling and/or Sound Changes

	gu → g	g → j	i → y	ADD ACCENT TO **i** OR **u**
Change in present indicative	distinguir → distingo	proteger → protejo	incluir → incluyo	continuar → continúo
Subjunctive models	distinga distingas distinga distingamos distingáis distingan	proteja protejas proteja protejamos protejáis protejan	incluya incluyas incluya incluyamos incluyáis incluyan	continúe continúes continúe continuemos continuéis continúen
Other verbs	conseguir seguir	coger dirigir	construir huir	actuar enviar

	c → qu (acercar)	z → c (empezar)
Models	acerque acerques acerque acerquemos acerquéis acerquen	empiece empieces empiece empecemos empecéis empiecen
Other verbs	explicar verificar	comenzar

Stem-Changing Verbs

	e → ie (pensar)	o → ue (desaprobar)
Models	piense pienses piense pensemos penséis piensen	desapruebe desapruebes desapruebe desaprobemos desaprobéis desaprueben
Other verbs **-ar**	despertar empezar negar	acordar encontrar rogar
Other verbs **-er**	encender entender perder	poder soler volver

	e → ie, i (sentir)	e → i, i (pedir)	o → ue, u (morir)
Models	sienta sientas sienta sintamos sintáis sientan	pida pidas pida pidamos pidáis pidan	muera mueras muera muramos muráis mueran
Other verbs	divertir mentir sugerir	seguir servir vestir	dormir

Idiosyncratic forms

dar	estar	haber	ir	saber	ser
dé	esté	haya	vaya	sepa	sea
des	estés	hayas	vayas	sepas	seas
dé	esté	haya	vaya	sepa	sea
demos	estemos	hayamos	vayamos	sepamos	seamos
deis	estéis	hayáis	vayáis	sepáis	seáis
den	estén	hayan	vayan	sepan	sean

Functions

1. To express doubt, uncertainty, or disbelief

> No es posible que **vengan** hoy.
> Es increíble que **nieve** tanto en mayo.

2. To express emotion

> Es una lástima que Silvia **esté** enferma.
> Es triste que Manuel **suspenda** la clase.

3. To express preference, necessity, or will

> Es necesario que los niños **obedezcan** a sus padres.
> Es preferible que **vayas** solo a la casa de Bernarda.

4. To express value judgments or advice

> Es mejor que Florentina no **lleve** ese sombrero. Le queda muy feo.
> Es bueno que nosotros **tengamos** tiempo para las vacaciones.

SUBJUNCTIVE OF INTERDEPENDENCE (ADVERBIAL CONJUNCTIONS)   (Lección 13)

The subjunctive of interdependence is formed by combining an adverbial clause with a verb in the subjunctive to indicate a state of interdependence.

Adverbial Clauses

1. Expressions of time, place, manner, or concession

ADVERBIAL CONJUNCTIONS OF TIME AND PLACE

cuando	hasta que
después (de) que	mientras (que)
donde	tan pronto (como)
en cuanto	

> Voy a ver la nueva película de Almodóvar tan pronto como **llegue** al cine.
> Esteban buscará trabajo en cuanto **termine** sus estudios.

ADVERBIAL CONJUNCTIONS OF MANNER

como
de manera que
de modo que

> Hay que explicar los ejercicios de modo que todos los **entiendan**.
> Enrique va a conseguir el dinero como **pueda**.

ADVERBIAL CONJUNCTIONS OF CONCESSION

a pesar de que
aun cuando
aunque

> Sé que Antonio se negará a tomar la medicina a pesar de que los doctores le **digan** que es necesario.
> Algunos canales ponen películas viejas aunque el público no **tenga** mucho interés en verlas.

ADVERBIAL CONJUNCTIONS OF TIME

The adverbial conjunctions of time, **ahora que** (*now that*), **puesto que** (*since*), and **ya que** (*since, now that*), always take the indicative because they express a completed or inevitable event or situation.

> Ya que **sabes** mi dirección, ven a visitarme.
> Ahora que te **hicieron** gerente, tendrás que trabajar más.
> Puesto que ellos **vienen** a visitar hoy, vamos a cenar en casa.

---

2. Expressions of purpose, condition, or anticipation

ADVERBIAL CONJUNCTIONS OF PURPOSE

a fin de que
para que

Los padres dan reglas para que los hijos **aprendan** a ser responsables.

ADVERBIAL CONJUNCTIONS OF CONDITION

a condición de que   mientras que
a menos que   salvo que
con tal de que   siempre que
en caso de que   sin que

Vamos de vacaciones en mayo con tal de que el jefe nos **dé** permiso.
No habrá trenes hoy a menos que **solucionen** la huelga de conductores.

ADVERBIAL CONJUNCTIONS OF ANTICIPATION

antes (de) que
Elena y Rafael quieren ir a las montañas antes de que **haga** mucho frío.

THE PRONOUN se   (Lección 14)

1. The Reflexive **se**

se + third person { singular / plural } verb

OTHER REFLEXIVE PRONOUNS	
me	nos
te	os

2. The Impersonal **se**

se + third person singular verb

3. The Passive **se**

se + third person { singular / plural } verb + noun
noun + **se** + third person { singular / plural } verb

CONDITIONAL TENSE   (Lección 14)

Conditional

INFINITIVE +	ENDINGS =	CONDITIONAL TENSE FORMS
educar +	-ía -ías -ía -íamos -íais -ían	educar**ía** educar**ías** educar**ía** educar**íamos** educar**íais** educar**ían**

Irregular Forms of the Conditional

CHANGE	INFINITIVE	CONDITIONAL AND FUTURE STEM	CONDITIONAL TENSE FORMS OF FIRST PERSON SINGULAR
drop **e** *from infinitive*	caber haber poder querer saber	cabr- habr- podr- querr- sabr-	cabr**ía** habr**ía** podr**ía** querr**ía** sabr**ía**
d *replaces* **e** *or* **i** *of infinitive*	poner salir tener valer venir	pondr- saldr- tendr- valdr- vendr-	pondr**ía** saldr**ía** tendr**ía** valdr**ía** vendr**ía**
idiosyncratic	decir hacer	dir- har-	dir**ía** har**ía**

CONTRARY-TO-FACT STATEMENTS   (Lección 14)

To express contrary-to-fact statements, use the conditional tense in the main clause and the past subjunctive in the **si**-clause.

Past Subjunctive

-ar (aumentar)	-er (establecer)	-ir (prohibir)
aumentar**a** aumentar**as** aumentar**a** aumentár**amos** aumentar**ais** aumentar**an**	establecier**a** establecier**as** establecier**a** estableciér**amos** establecier**ais** establecier**an**	prohibier**a** prohibier**as** prohibier**a** prohibiér**amos** prohibier**ais** prohibier**an**

Irregular Forms of the Past Subjunctive

INFINITIVE	THIRD PERSON PLURAL PRETERITE		PAST SUBJUNCTIVE
dar	dieron	→	diera, dieras, diéramos, ...
decir	dijeron	→	dijera, dijeras, dijéramos, ...
estar	estuvieron	→	estuviera, estuvieras, estuviéramos, ...
hacer	hicieron	→	hiciera, hicieras, hiciéramos, ...
ir/ser	fueron	→	fuera, fueras, fuéramos, ...
oír	oyeron	→	oyera, oyeras, oyéramos, ...
poder	pudieron	→	pudiera, pudieras, pudiéramos, ...
poner	pusieron	→	pusiera, pusieras, pusiéramos, ...
querer	quisieron	→	quisiera, quisieras, quisiéramos, ...
tener	tuvieron	→	tuviera, tuvieras, tuviéramos, ...
venir	vinieron	→	viniera, vinieras, viniéramos, ...

Repaso de las lecciones previas

REPASO A Las formas verbales

Escribe oraciones sobre algo verdadero usando los siguientes verbos en las formas indicadas.

1. lanzar (pretérito perfecto) _____

_____

2. entregar (**se** pasivo) _____

_____

3. favorecer (presente de subjuntivo) _____

_____

4. criticar (pretérito) _____

_____

5. educar (conditional) _____

_____

6. inspirar (presente de subjuntivo) _____

_____

7. emitir (**se** pasivo) _____

_____

8. alcanzar (pretérito perfecto) _____

_____

9. premiar (**se** pasivo) _____

_____

10. vigilar (presente de subjuntivo) _____

_____

11. informar (condicional) _____

_____

12. estimular (**se** pasivo) _____

_____

REPASO B   Más asociaciones
Escribe otras dos palabras o frases que asocias con cada palabra o frase a continuación. Explica con una o dos oraciones el porqué de la asociación.

1. la capacidad intelectual   a. _____   b. _____

_____

2. el grupo étnico   a. _____   b. _____

_____

3. sensacionalista   a. _____   b. _____

_____

4. el comportamiento   a. _____   b. _____

_____

5. la apariencia física   a. _____   b. _____

_____

6. ofensivo/a   a. _____   b. _____

_____

7. el vicio   a. _____   b. _____

_____

8. criticar   a. _____   b. _____

_____

9. el nivel social   a. _____   b. _____

_____

_____

10. emocionar   a. _____   b. _____

_____

_____

REPASO C ¿Estás de acuerdo?
Indica si estás de acuerdo o no con las ideas expresadas en cada oración. Luego, explica tus razones.

1. Muchos programas que se presentan en la televisión estimulan la violencia.

_____

_____

2. Los programas de entrevista son más sensacionalistas que otros tipos de programas.

_____

_____

3. Los directores (Las directoras) deberían eliminar los anuncios publicitarios ofensivos.

_____

_____

4. Ver muchas telenovelas es un vicio.

_____

_____

5. Los programas deben presentar más imágenes realistas y evitar los estereotipos.

_____

_____

REPASO D ¿Cuáles son los mejores? (Pretérito e imperfecto)
Completa las siguientes oraciones con datos verdaderos. Luego, di el porqué de tus selecciones. Como hablarás del pasado, recuerda usar el pretérito y el imperfecto.

1. La mejor película que he visto es _____

_____

_____

2. El mejor programa televisivo que he visto es _____

_____

_____

3. La mejor clase que he tomado es _____

_____

_____

_____

REPASO E ¿Cuál será el futuro? (Presente de subjuntivo)

Piensa por un momento en el futuro de la televisión. Luego, escribe por lo menos cinco oraciones para expresar lo que dudas que vaya a pasar. **¡OJO!** Se usa el presente de subjuntivo para expresar el futuro. Puedes usar estas expresiones: Es dudoso que... , Es (im)probable que... , Es (im)posible que... , No es seguro que...

MODELO: Dudo que *haya* menos violencia en los programas futuros.

_____

_____

_____

_____

_____

_____

_____

_____

_____

_____

_____

REPASO F ¿Cómo te llevas con tus parientes? (Pronombres de complemento directo e indirecto)

Describe tus relaciones con tus parientes en un párrafo de por lo menos cinco oraciones. Incluye tantos pronombres de complemento directo e indirecto como puedas.

Preguntas para considerar

- ¿Les escribes?
- ¿Los llamas por teléfono?
- ¿Te gusta su compañía?
- ¿Confías en ellos?
- ¿Los visitas mucho?
- ¿Te visitan ellos a tí?

_____

_____

_____

_____

_____

_____

_____

_____

_____

_____

_____

_____

_____

REPASO G   ¿Qué opinas?   (Subjuntivo en oraciones evaluativas)

Ayuda a tu profesor(a) a mejorar la clase de español. Escoge cinco de las expresiones a continuación (u otras semejantes) y escribe una oración con cada una dando tu opinión sobre tu clase de español. (Es preferible que tu crítica sea constructiva.)

Es bueno que	Es increíble que	Es preferible que
Es fabuloso que	Es malo que	Es triste que
Es (im)posible que	Es maravilloso que	No es cierto que
Es (im)probable que	Es mejor que	No es verdad que

1. _____

   _____

2. _____

   _____

3. _____

   _____

4. _____

   _____

5. _____

   _____

REPASO H   ¿Qué harías si… ?   (Condicional y pasado de subjuntivo)

¿Qué harías se pudieras ser cada una de las siguientes personas por un día? Usa el pasado de subjuntivo y el condicional en tus respuestas.

1.   Oprah Winfrey

   _____

   _____

   _____

2.   El presidente de los Estados Unidos

   _____

   _____

   _____

3. Dan Rather

_____

_____

_____

4. El jefe (La jefa) de un canal televisivo

_____

_____

_____

5. Jay Leno

_____

_____

_____

UNIDAD 4

LA TELEVISIÓN

EXAMEN DE PRÁCTICA

• •

Puntos ganados = _____

Total posible = 79

I. Vocabulario (30 puntos)

A. Definiciones. Escucha la definición y luego escribe su número al lado de la palabra apropiada. (10 puntos)

a. ____ difundir

b. ____ distraer

c. ____ emocionar

d. ____ escaso/a

e. ____ lanzar

f. ____ noticieros

g. ____ premiar

h. ____ proporcionar

i. ____ sensacionalista

j. ____ televidente

B. Asociaciones. Empareja la palabra de la columna A con la palabra de la columna B con la cual se asocia lógicamente. (10 puntos)

A

1. ____ acentuado/a

2. ____ actitud

3. ____ anuncios publicitarios

4. ____ comportamiento

5. ____ concurso

6. ____ emitir

7. ____ entretener

8. ____ favorecer

9. ____ mando a distancia

10. ____ vicio

B

a. divertir, distraer
b. describir productos o servicios
c. competición, premios
d. preferir
e. mal hábito
f. transmitir
g. cambiar canales
h. enfatizado/a
i. conducta
j. disposición

C. Más definiciones. Escribe la letra de la palabra que se define. (10 puntos)

A

1. _____ darle a alguien energía moral; impulsar

2. _____ programas que se caracterizan por presentar una trama continua

3. _____ herir; causar malos efectos

4. _____ dificultar; poner obstáculos

5. _____ dar opiniones; censurar

6. _____ insultante; humillante; irrespetuoso/a

7. _____ negocio, compañía

8. _____ conseguir; lograr

9. _____ supervisar; guardar

10. _____ evaluar; apreciar

B

a. alcanzar
b. animar
c. calificar
d. criticar
e. dañar
f. empresa
g. impedir
h. ofensivo/a
i. telenovelas
j. vigilar

II. Gramática (23 puntos)

A. Pronombres. Selecciona el pronombre apropiado según el contexto. (5 puntos)

1. (Le/Les) pregunta cómo llegar al museo.

   Contexto: Un joven visita una ciudad que no conoce bien. Ve a dos personas mayores.

2. (Se/Lo) baña.

   Contexto: Es por la mañana y un chico y su perro mascota (*pet*) están en el cuarto de baño. El perro está sobre una alfombra y el chico está en la ducha.

3. (Se/Los) critica la televisión.

   Contexto: Todos mis amigos hablan mal de la programación televisiva. Dicen que los programas son tontos y que hay demasiada violencia.

4. (Me/Nos) inspiran los anuncios publicitarios.

   Contexto: Mis padres no toleran los anuncios publicitarios. A mí, sin embargo, me parecen muy creativos.

5. (Me/Los) vigilaban.

   Contexto: Cuando era niña, mis padres controlaban todo lo que hacía, en particular el número de horas que veía la televisión.

B. ¿Subjuntivo o indicativo? Conjuga el verbo según el contexto. Luego, escoge la opción que haga la oración verdadera para ti. (6 puntos: 1 punto por el verbo y ½ punto por la oración)

1. (Es/No es) malo que los programas televisivos _____ (mostrar) tantas escenas sexuales.

2. (Es/No es) increíble que los estudiantes universitarios _____ (ver) tantos dibujos animados en la televisión.

3. (Es / No es) cierto que los satélites _____ (tener) un papel importante en el futuro de la televisión.

4. (Es / No es) interesante ver que ahora se _____ (encontrar) un televisor en cada cuarto de la casa.

C. ¿Subjuntivo o indicativo?   Conjuga el verbo según el contexto. (3 puntos)

1. Los canales van a ganar dinero como _____ (poder); no importa la calidad de los programas.

2. Muchos padres les han dicho lo siguiente a su hijos: "Mientras que _____ (vivir) en mi casa, tienes que obedecerme."

3. Mis padres van a comprar un satélite para _____ (tener) más opciones en cuanto a los programas.

D. El condicional.   Conjuga el verbo en el condicional según el contexto. Luego, indica si la oración se te aplica o no. (4½ puntos: 1 punto por el verbo y ½ punto por indicar si se te aplica)

	SÍ	NO
1. Me _____ (gustar) trabajar en la televisión.	☐	☐
2. Mis padres no _____ (censurar) nunca el lenguaje indecente en los programas televisivos porque es el lenguaje más realista.	☐	☐
3. Algunos de mis amigos no _____ (tener) problemas en eliminar por completo el canal A & E.	☐	☐

E. Contrary to fact.   Conjuga el verbo entre paréntesis en la forma apropiada. Luego, indica si la oración se aplica a tí o no. (4½ puntos: 1 punto por el verbo y ½ punto por indicar si se te puede aplicar)

	SÍ	NO
1. La programación sería mejor si mi madre la _____ (controlar).	☐	☐
2. Viviría cuatro años en una residencia estudiantil si se _____ (mejorar) la comida y el servicio.	☐	☐
3. Alquilaría un apartamento con mi mejor amigo si él _____ (querer) pero no lo quiere hacer.	☐	☐

III. Información en clase (6 puntos)

Conceptos importantes.   Escoge dos de los siguientes conceptos y explica la importancia de cada uno en el contexto en que lo estudiamos en la clase. (6 puntos)

1. Las razones más mencionadas por los miembros de la clase al preguntarles por qué ven la televisión

_____

_____

_____

2. La responsabilidad de los padres de vigilar lo que ven los niños

_____

_____

_____

3. Las imágenes sexistas presentadas en la televisión

_____

_____

_____

4. La identidad nacional

_____

_____

_____

ESCALA DE CORRECCIÓN PARA LA SECCIÓN III

3 puntos   La respuesta está correcta e indica que tienes un buen entendimiento del concepto.

2 puntos   La respuesta está incompleta e indica que tienes entendimiento parcial o limitado del concepto.

1 punto   La respuesta está incompleta; no da detalles; da poca información e/o información incorrecta.

0 puntos   La respuesta indica que todavía no entiendes el concepto.

IV. Literatura (20 puntos)

A. ¿A quién se refiere? Indica quién(es) hace(n) las siguientes cosas en el poema «Telenovela». (6 puntos)

a. los hermanos   b. la madre y la sierva   c. el padre   d. la hija

1. _____ El balcón le sirve de vitrina.

2. _____ Olvidan sus rencillas.

3. _____ Renuncia a la partida de dominó.

4. _____ Pospone los merodeos nocturnos.

5. _____ Son cómplices.

6. _____ Estaba exhibiendo disponibilidades.

B. Cierto o falso. Indica si las siguientes afirmaciones son ciertas (C) o falsas (F) según el contenido del poema. (4 puntos)

1. _____ Se critica el papel de la televisión en la sociedad contemporánea.

2. _____ El ser humano es una criatura que está evolucionando hacia la perfección.

3. _____ Las tramas de las telenovelas y los anuncios publicitarios muestran modelos positivos de comportamiento.

4. _____ Aunque los efectos no son permanentes, la televisión sirve para unir a la familia.

C. Citas. Escoge una de las siguientes citas y explica su significado y su importancia en el contexto del poema. (10 puntos)

1. Cada uno va a su cuarto mascullando un
—apenas— «buenas noches».
Y duerme. Y tiene hermosos sueños prefabricados.

_____

_____

_____

_____

_____

2. El sitio que dejó vacante Homero,
el centro que ocupaba Scherezada
(o antes de la invención del lenguaje, el lugar
en que se congregaba la gente de la tribu
para escuchar al fuego) ahora está ocupado por
la Gran Caja Idiota.

_____

_____

_____

_____

_____

ESCALA DE CORRECCIÓN PARA LA SECCIÓN IV C

10 puntos	Presenta toda la información y está correcta. Indica que tienes un excelente entendimiento del cuento. El ensayo está bien desarrollado.
9 puntos	La respuesta está correcta e indica que tienes un buen entendimiento del cuento. El ensayo está bien desarrollado.
8 puntos	La respuesta está incompleta. Indica que tienes un buen entendimiento del cuento, pero no das suficientes detalles. El ensayo está bien desarrollado.
7 puntos	La respuesta está incompleta e indica que sólo tienes un entendimiento parcial del cuento. El ensayo en general está bien desarrollado.
6 puntos	La respuesta está incompleta e indica que tienes un entendimiento limitado del cuento. El ensayo no está bien desarrollado.
5 puntos	La respuesta está incompleta; no da detalles; da poca información e/o información incorrecta.
0 puntos	La respuesta indica que no entendiste el cuento.

● # UNIDAD 5   **LA LIBERTAD Y LA FALTA DE LIBERTAD**

LECCIÓN 17

LA LIBERTAD, LA CENSURA Y LA IGLESIA Y LA POLÍTICA

IDEAS PARA EXPLORAR   La libertad
••

Vocabulario del tema

VERBOS
luchar   combatir, pelear; usar fuerzas y recursos para vencer

SUSTANTIVOS
el bien común   el interés y provecho de todos
los derechos   conjunto de los principios y leyes a que están sometidas las relaciones humanas en toda sociedad civil
la igualdad   principio que reconoce en todos los ciudadanos la capacidad de gozar de los mismos derechos sin ninguna diferencia
la independencia   libertad, autonomía; que no depende de otro
la libertad   facultad del ser humano para elegir su propia línea de conducta y ser responsable de ella; estado de la persona que no está sometida a la voluntad o dominio de otro
las manifestaciones políticas   reuniones públicas que generalmente tienen lugar al aire libre y en las cuales los participantes dan a conocer sus deseos y sentimientos
los privilegios   posibilidad de hacer o tener algo que a los demás les está prohibido; ventajas exclusivas o especiales concedidas por un superior
la tiranía   abuso de autoridad; gobierno que impone su voluntad al pueblo sin tomar en cuenta ni la razón ni la justicia y, a veces, con crueldad

Ejercicios escritos

EJERCICIO 1   Palabras clave
Repasa las definiciones de las siguientes palabras y frases asociadas con la libertad y la falta de libertad. Para cada una, escoge dos palabras o frases clave que te ayuden a recordar su significado.

    MODELO: la independencia   →   a. libertad   b. autonomía

1. la libertad   a. ——————————————   b. ——————————————

2. el bien común   a. ——————————————   b. ——————————————

3. los derechos   a. _____   b. _____

4. luchar   a. _____   b. _____

5. la igualdad   a. _____   b. _____

6. los privilegios   a. _____   b. _____

7. las manifestaciones políticas   a. _____   b. _____

8. la tiranía   a. _____   b. _____

*EJERCICIO 2   Definiciones

Escoge la palabra o frase que contesta la pregunta que oyes.

> MODELO: (oyes)   ¿Qué término se usa cuando los mismos derechos afectan a todos los ciudadanos, sin que existan ni superiores ni inferiores?
>
> (escoges)   a.   la tiranía
>   b.   la igualdad
>   c.   los privilegios

1. a. el bien común
   b. los derechos
   c. los privilegios

2. a. la igualdad
   b. la independencia
   c. la libertad

3. a. la tiranía
   b. las manifestaciones políticas
   c. luchar

4. a. el bien común
   b. la igualdad
   c. la independencia

5. a. las manifestaciones políticas
   b. los derechos
   c. los privilegios

6. a. el bien común
   b. la igualdad
   c. los privilegios

*EJERCICIO 3   Asociaciones

Escoge la palabra o frase que responde lógicamente a la pregunta que oyes.

> MODELO: (oyes)   ¿Qué asocias con los abusos y la crueldad?
> (escoges)   a.   la tiranía   b.   la igualdad

1. a. los derechos   b. los privilegios

2. a. el bien común   b. la tiranía

3. a. la igualdad   b. la independencia

4. a. luchar   b. las manifestaciones políticas

5. a. la libertad   b. el bien común

Gramática

*«Es de los que les **gustaría** hacer todo lo que hizo el muerto, menos morirse.»**

REVIEW OF THE CONDITIONAL

A. Forms

Review the forms of the conditional in **Lección 14.**

B. Functions

1. To express hypothetical action or situations that correspond to the meaning of "would" in English

¿**Lucharías** por la libertad?	*Would you fight for freedom?*
No me **gustaría** vivir en una sociedad sin los derechos humanos básicos.	*I wouldn't like to live in a society without basic human rights.*

2. To refer to the future from a past point of reference

Francisco Franco probablemente pensaba que la censura **desanimaría** a los disidentes.	*Francisco Franco probably thought that censorship would discourage dissidents.*
Martin Luther King, Jr., dijo que algún día todos **viviríamos** en paz.	*Martin Luther King, Jr., said that someday we would all live in peace.*

3. To express possibility or probability in the past

¿Cuál **sería** el motivo del asesinato de John F. Kennedy?	*What was (probably, could have been) the motive for the assassination of John F. Kennedy?*
¿Cómo **sobrevivirían** los prisioneros en los campos de concentración?	*I wonder how the prisoners survived in the concentration camps?*

4. To express politeness or deference

¿Me **explicaría** Ud. la forma de gobierno de su país, por favor?	*Could you please explain to me the form of government in your country?*
¿**Podría** Ud. ayudarme con esto?	*Could you help me with this?*

Ejercicios escritos

*EJERCICIO 1   ¿Qué harían?

If you could travel back in time and talk to famous people in the past, what would the following people say that they would do in their future? First, match each person or group in the first column with the best response from the second column. Then, conjugate the verbs in parentheses in the appropriate form of the conditional to complete each statement.

_____

*"He/She is one of those people who would like to do everything the dead man did, except die." (This is said about an envious person.)

1. ＿＿ Los reyes Fernando e Isabel

2. ＿＿ Abraham Lincoln

3. ＿＿ Martin Luther King, Jr.

4. ＿＿ Fidel Castro

5. ＿＿ Karl Marx

6. ＿＿ George Washington

7. ＿＿ Los sandinistas de Nicaragua

8. ＿＿ Los indios de Chiapas, México

a. (crear) ＿＿＿＿＿＿＿＿ una filosofía social que se llama comunismo para ayudar a los trabajadores.

b. (exigir) ＿＿＿＿＿＿＿＿ al gobierno nacional más servicios y más derechos.

c. (vencer) ＿＿＿＿＿＿＿＿ a los moros en nombre del catolicismo.

d. (rechazar) ＿＿＿＿＿＿＿＿ la monarquía de Inglaterra a favor de un gobierno nuevo sin monarcas.

e. (luchar) ＿＿＿＿＿＿＿＿ a favor de un sistema socialista en Centroamérica.

f. (intentar) ＿＿＿＿＿＿＿＿ modificar las leyes para darles más oportunidades a los negros y a todos los grupos minoritarios de los Estados Unidos.

g. (liberar) ＿＿＿＿＿＿＿＿ a los esclavos después de una guerra civil.

h. (establecer) ＿＿＿＿＿＿＿＿ un gobierno comunista revolucionario en Cuba.

*EJERCICIO 2   ¿Qué te atreverías a (would you dare) hacer?

Complete the following sentences by conjugating the verbs in the appropriate form of the conditional. Then, indicate whether or not you would do the things mentioned by checking **Sí** or **No**. Would your classmates do the same things as you? **¡OJO!** Watch for irregular forms of the conditional!

	SÍ	NO
1. Yo (venir) ＿＿＿＿＿＿＿ a la clase de español vestido/a como un personaje famoso de la historia de España.	☐	☐
2. Yo (tener) ＿＿＿＿＿＿＿ una cita a ciegas (blind date) con una persona sin saber nada de el/ella.	☐	☐
3. Yo (comer) ＿＿＿＿＿＿＿ los sesos (brains) de un animal.	☐	☐
4. Yo (meter) ＿＿＿＿＿＿＿ la cabeza dentro de la boca de un león amaestrado.	☐	☐
5. Yo (montar) ＿＿＿＿＿＿＿ un elefante durante mis vacaciones en Asia.	☐	☐
6. Yo (bailar) ＿＿＿＿＿＿＿ en el centro de la calle por un dólar.	☐	☐
7. Yo (hacer) ＿＿＿＿＿＿＿ una fiesta en la casa de amigos que salieron de la ciudad por el fin de semana.	☐	☐
8. Yo (tomar) ＿＿＿＿＿＿＿ una bebida sin saber lo que contenía.	☐	☐

Actividades optativas de vocabulario y gramática

ACTIVIDAD A   Con tus propias palabras
Escribe, con tus propias palabras, las definiciones de las siguientes palabras.

MODELO: la democracia →
Es el tipo de gobierno en que se eligen los mandatarios en elecciones libres y abiertas.

1.   la tiranía _____
_____
_____

2.   el bien común _____
_____
_____

3.   los derechos _____
_____
_____

4.   la libertad _____
_____
_____

5.   las manifestaciones políticas _____
_____
_____

6.   la igualdad _____
_____
_____

7.   los privilegios _____
_____
_____

8.   la independencia _____
_____
_____

9.   luchar _____
_____

ACTIVIDAD B Tus experiencias

Escribe una oración con cada una de las siguientes palabras. En las oraciones, debes expresar algo relacionado con tus propias experiencias o las de tus amigos y familia.

MODELO: la independencia →
Durante mi primer año de vida independiente de mis padres, aprendí mucho. La independencia personal lleva consigo muchas responsabilidades.

1. luchar _____

_____

_____

2. los privilegios _____

_____

_____

3. el bien común _____

_____

_____

4. los derechos _____

_____

_____

5. las manifestaciones políticas _____

_____

_____

6. la igualdad _____

_____

_____

ACTIVIDAD C ¿En qué se diferencian?

Expresa, con tus propias palabras, las diferencias entre cada par de palabras.

MODELO: la independencia, la igualdad →
La independencia se refiere a la libertad y la autonomía; la igualdad es el principio que dice que todos los ciudadanos tienen los mismos derechos.

1. los privilegios, los derechos _____

_____

_____

2. la tiranía, la libertad _____

_____

_____

3. la tiranía, el bien común _____

_____

_____

4. la igualdad, los privilegios _____

_____

_____

ACTIVIDAD D   ¿Qué tienen en común?

Expresa, con tus propias palabras, las semejanzas entre cada par de palabras.

> MODELO: la libertad, la independencia →
> La independencia es la libertad de elegir su propia conducta.

1. el bien común, los derechos _____

_____

_____

2. la libertad, las manifestaciones políticas _____

_____

_____

3. los privilegios, la tiranía _____

_____

_____

4. luchar, los derechos _____

_____

_____

ACTIVIDAD E   Expansión léxica

Busca en el diccionario las otras formas de las siguientes palabras.

v. = verbo   **s.** = sustantivo   **adj.** = adjetivo

1. luchar   s. _____

adj. _____

2. la igualdad   v. _____

adj. _____

3. la independencia   v. _____

adj. _____

4. los privilegios   v. _____

adj. _____

5. la tiranía   v. _____

                         s. _____

6. la libertad   v. _____

                         adj. _____

7. la manifestación   v. _____

                         adj. _____

ACTIVIDAD F ¿Qué harías? (Conditional)
Para la Actividad D en la página 256 del libro de texto, los miembros de la clase prepararon un perfil de lo que harían por la libertad. Revisa los resultados de esta actividad.

Paso 1 Ahora, compara y contrasta lo que tú harías con lo que haría tu compañero/a.

_____

_____

_____

Paso 2 Compara y contrasta tu propio perfil con el de la clase. ¿Cuáles de tus acciones se parecen a las del resto de la clase? ¿Cuáles de tus acciones son diferentes? Como resultado, ¿te consideras un estudiante típico, o no?

_____

_____

_____

ACTIVIDAD G ¿Qué pensabas? (Conditional)
Antes de empezar los estudios universitarios, ¿qué pensabas que harías en el futuro? ¿Qué pensabas que no harías? Escribe por lo menos seis oraciones usando el condicional, siguiendo el modelo a continuación.

MODELO: Antes de empezar los estudios universitarios, yo no pensaba que estudiaría español.

_____

_____

_____

_____

_____

_____

_____

_____
_____
_____
_____
_____

IDEAS PARA EXPLORAR La censura

Vocabulario del tema

VERBOS
autorizar   aprobar; dar autoridad para hacer alguna cosa
denunciar   acusar ante las autoridades
difundir opiniones   divulgar o propagar ciertas ideas
negarse a   decir que no se quiere hacer algo; rehusar
regir   gobernar, mandar
reprobar   censurar o desaprobar una cosa por razones morales

SUSTANTIVOS
la desnudez   condición de estar completamente desvestido, sin ropa
la libertad de expresión artística   facultad de un artista de expresarse de cualquier manera, sin prohibiciones, siempre que no se oponga a las leyes
la libertad de palabra   prerrogativa, privilegio o derecho de expresar ideas y opiniones propias sin ser condenado por ello
la libertad de prensa   derecho de escribir y publicar cualquier opinión sin censura
los principios morales   normas de conducta basadas en la clasificación de los actos humanos en buenos y malos
los principios religiosos   preceptos relativos a las creencias o los dogmas de una religión
los principios sociales   normas sobre la conducta que debe observar el individuo en sus relaciones con los demás

Ejercicios escritos

EJERCICIO 1   Palabras clave
Repasa las definiciones de las siguientes palabras relacionadas con la censura. Para cada una, escoge dos palabras o frases clave que te ayuden a recordar su significado.

MODELO: los principios morales → a. normas de conducta   b. actos buenos o malos

1. los principios religiosos   a. _____   b. _____
2. los principios sociales   a. _____   b. _____
3. la libertad de expresión artística   a. _____   b. _____
4. la libertad de palabra   a. _____   b. _____
5. la libertad de prensa   a. _____   b. _____

6.	autorizar	a. _____	b. _____
7.	denunciar	a. _____	b. _____
8.	difundir opiniones	a. _____	b. _____
9.	reprobar	a. _____	b. _____
10.	negarse	a. _____	b. _____
11.	regir	a. _____	b. _____

*EJERCICIO 2   Definiciones

Indica la palabra o frase cuya definición oyes.

MODELO: (oyes) Esto significa propagar tus propias ideas.
(escoges) ⓐ difundir opiniones   b. libertad de prensa

1.	a.	principios morales	b.	libertad de expresión artística
2.	a.	principios religiosos	b.	libertad de palabra
3.	a.	principios sociales	b.	libertad de prensa
4.	a.	autorizar	b.	reprobar
5.	a.	denunciar	b.	negarse
6.	a.	difundir opiniones	b.	regir
7.	a.	principios morales	b.	principios religiosos
8.	a.	principios sociales	b.	difunir opiniones

*EJERCICIO 3   Asociaciones

Empareja la palabra o frase de la columna A con lo que se asocia con ella en la columna B.

A

1. _____ la desnudez

2. _____ regir

3. _____ reprobar

4. _____ difundir opiniones

5. _____ denunciar

B

a. la libertad de palabra
b. no estar vestido
c. acusar
d. gobernar
e. censurar

Gramática

*«No hay mal que cien años dure.»**

REVIEW OF THE SUBJUNCTIVE IN ADJECTIVAL CLAUSES

A. Forms

Review the forms of the present subjunctive in **Lección 6** and the past subjunctive in **Lección 14.**

_____

*"Every cloud has a silver lining." (Lit: There is no illness that will last a hundred years.)

B. Functions

You have already practiced with the subjunctive in adjectival clauses in **Lección 6** to describe something with which the speaker has had no previous experience or that may not exist at all. Here, you will use the subjunctive in clauses specifically to indicate that the information in the clause containing the subjunctive applies to nonexistent or indefinite antecedents.

No hay palabra que **ofenda**, sólo hay personas ofendidas.	*There are no words that offend, only offended people.*
No hay nadie que **tenga** el derecho de censurar la prensa.	*There is no one who has the right to censor the press.*
Cualquier persona que **denuncie** los principios morales de otra persona debe examinar los suyos.	*Anyone who denounces the morals of other people should examine his/her own.*
No hay ningún principio religioso que no **sea** objeto de crítica.	*There isn't any religious principle that isn't an object of criticism.*

Práctica de escuchar

PRÁCTICA   Listening for the Contrast Between Subjunctive and Indicative in Adjectival Clauses
Dr. Gómez is a political science professor. You will hear the endings of his statements concerning censorship and related topics. Choose the appropriate beginning to each statement. The answers are given on the audio program.

ESTRATEGIA PARA ESCUCHAR

Because both the indicative and subjunctive are possible in adjective clauses, you will need to concentrate on the verb forms in the subordinate, adjective clause to understand whether a speaker is talking about something that exists or not. With the exception of irregular verbs (e.g., **saber → sepa, ser → sea,** and so forth), the vowel in the last syllable of the verb will be the signal of indicative or subjunctive; **-ar** verbs change to **-e** in the subjunctive and **-er/-ir** verbs change to **-a** in the subjunctive.

MODELO: (oyes)   …que denuncia la censura pero al mismo tiempo no acepta opiniones contrarias.

(escoges)   a.   No hay nadie…   b.   Hay alguien…

NO EXISTE	EXISTE
1. a. No hay nadie…	b. Hay alguien…
2. a. No hay ninguna razón…	b. Hay una razón…
3. a. No existe ninguna religión…	b. Existe una religión…
4. a. No hay ningún libro…	b. Hay un libro…
5. a. No hay nadie…	b. Hay alguien…
6. a. No existe un tipo de censura…	b. Hay un tipo de censura…
7. a. No hay ninguna autoridad…	b. Hay una autoridad…
8. a. No hay ningún artista…	b. Hay un artista…
9. a. No hay ningún escritor…	b. Hay un escritor…

Ejercicios escritos

*EJERCICIO   **Using the Subjunctive in Adjectival Clauses**
Form sentences by choosing an appropriate ending from the list and writing it on the line after the
sentence beginning it logically completes. You will need to conjugate the verb in the sentence ending in
the subjunctive.

> ...haber logrado que exista igualdad completa entre todos sus miembros.
> ...basarse en alguna forma de política.
> ...sostener alguna forma de vida.
> ...eliminar los efectos de la radioactividad.
> ...formarse sólo de verbos.
> ...ser más ligero que el litio.
> ...tener ocho piernas.
> ...incluir una creencia en un poder sobrenatural.
> ...poder volar sin ayuda de un aparato mecánico.

1. No hay ninguna cultura que no _____

    _____

2. No existe ningún producto que _____

    _____

3. No existe ningún idioma que _____

    _____

4. No hay ninguna sociedad que _____

    _____

5. No hay ninguna religión que no _____

    _____

6. No hay ninguna persona que _____

    _____

7. No hay ningún elemento que _____

    _____

8. No existe ninguna parte de la Tierra que no _____

    _____

9. No hay ningún mamífero que _____

    _____

Actividades optativas de vocabulario y gramática

ACTIVIDAD A Con tus propias palabras
Escribe, con tus propias palabras, las definiciones de las siguientes palabras y frases.

> MODELO: difundir opiniones →
> Difundir tus opiniones quiere decir expresar tus opiniones de manera que alcancen a mucha gente.

1. principios morales _____
   _____
   _____

2. principios sociales _____
   _____
   _____

3. libertad de palabra _____
   _____
   _____

4. negarse a _____
   _____
   _____

5. denunciar _____
   _____
   _____

ACTIVIDAD B ¿Qué tienen en común?
Expresa, con tus propias palabras, las semejanzas entre cada par de palabras.

> MODELO: reprobar y denunciar →
> Las dos palabras son casi sinónimas. Quieren decir desaprobar enérgicamente.

1. autorizar y reprobar
   _____
   _____
   _____

2. libertad de prensa y difundir opiniones
   _____
   _____
   _____

3. principios religiosos y autorizar

_____

_____

_____

4. desnudez y libertad de expresión artística

_____

_____

_____

ACTIVIDAD C ¿En qué se diferencian?

Expresa, con tus propias palabras, las diferencias entre cada par de palabras.

> MODELO: libertad de prensa y censura →
> La libertad de prensa significa que los medios de comunicación se pueden expresar sin la aprobación de cualquier autoridad y la censura significa lo opuesto.

1. principios religiosos y libertad de expresión artística

_____

_____

_____

2. principios morales y principios religiosos

_____

_____

_____

3. libertad de palabra y negarse

_____

_____

_____

ACTIVIDAD D ¿Estás de acuerdo?

Indica si estás de acuerdo o no con las ideas expresadas en cada oración. Luego, explica tus razones.

1. La aprobación de la desnudez en el arte varía mucho de país a país, de cultura a cultura, de un individuo a otro.

_____

_____

2. Si la constitución de un país separa el Estado de la Iglesia, los principios religiosos no deben ser objeto de discusiones políticas.

_____

_____

3. Como los principios religiosos rigen una teocracia, no se admite la libertad de cultos (*worship*).

_____

_____

4. Una persona puede ser moral sin ser religiosa.

_____

_____

5. La libertad de prensa y la de expresión artística son más importantes en una sociedad que la libertad de palabra.

_____

_____

ACTIVIDAD E   Expansión léxica

Busca en el diccionario las otras formas de las siguientes palabras.

v. = verbo   **s.** = sustantivo   **adj.** = adjetivo

1. moral   s. _____

2. religioso   s. _____

3. libertad   v. _____

                         adj. _____

4. autorizar   s. _____

                         adj. _____

5. denunciar   s. _____

                         adj. _____

6. regir   s. _____

                         adj. _____

7. desnudez   v. _____

                         adj. _____

8. reprobar   s. _____

                         adj. _____

ACTIVIDAD F   No hay nadie que...   (Subjunctive in Adjectival Clauses)

¿Cuáles son las limitaciones del ser humano? Escribe ocho oraciones describiendo las características, habilidades, etcétera que no tiene el ser humano. **¡OJO!** Será necesario usar el subjuntivo en la cláusula adjetival subordinada.

MODELO: No hay nadie que entienda completamente cómo funciona la mente humana.

1. _____

_____

2. _____
   _____

3. _____
   _____

4. _____
   _____

5. _____
   _____

6. _____
   _____

7. _____
   _____

8. _____
   _____

ACTIVIDAD G   La censura   (Subjunctive in Adjectival Clauses)

¿Qué opinas de la censura? Escribe una oración dando tu opinión sobre los siguientes aspectos. Empieza las oraciones con una de las expresiones de la lista. Luego, justifica tu opinión con un ejemplo concreto si es posible. **¡OJO!** Será necesario usar el subjuntivo en la cláusula adjetival subordinada si la expresión es negativa.

No hay ninguna razón que…   Hay algunas condiciones en que…
No existe ____ que…   Hay muchos ____ que…
No hay ningún/unos/una/unas ____ que…   Hay algún/unos/una/unas ____ que…
No hay nadie que…   Hay alguien que…

MODELO: la literatura →
          No hay ningún libro que merezca ser censurado. Es el individuo quien debe decidir
          leer un libro o no leerlo.
       o Hay algunos libros que merecen ser censurados. Los niños no deben tener acceso a los
          libros que tratan de asuntos sexuales.

1. la pintura _____
   _____

2. el teatro _____
   _____

3. la política _____
   _____

4. la televisión _____

5. la radio _____

_____

6. la información electrónica (el Internet) _____

_____

7. la religión _____

_____

8. la prensa _____

_____

9. la música popular _____

_____

10. la fotografía _____

_____

IDEAS PARA EXPLORAR   La iglesia y la política

Vocabulario del tema

VERBOS
acusar   denunciar; atribuir a alguien un delito o falta
suprimir   hacer cesar; hacer desaparecer

SUSTANTIVOS
la brujería   práctica supersticiosa que se realiza, según algunos, con la ayuda del diablo
el concubinato   estado de una pareja que cohabita sin contraer matrimonio
los delitos   crímenes; acciones contrarias a la ley
el Estado   nación organizada políticamente; conjunto de órganos de gobierno de una nación
el fanatismo   apasionamiento excesivo e intolerante con que una persona defiende creencias u opiniones, sobre todo religiosas o políticas
la herejía   doctrina contraria a la fe católica
la Iglesia   conjunto de las creencias y de los afiliados a la religión católica considerados en su totalidad
el inquisidor   juez de la Inquisición

Ejercicios escritos

EJERCICIO 1   Palabras clave
Repasa las definiciones de las siguientes palabras relacionadas con la Inquisición. Para cada una, escoge dos palabras o frases clave que te ayuden a recordar su significado.

1. la brujería   a. _____   b. _____

2. el concubinato   a. _____   b. _____

3. la herejía   a. _____   b. _____

4. los delitos   a. _____   b. _____

5. la Iglesia   a. _____   b. _____

6. suprimir   a. _____   b. _____

7. el Estado   a. _____   b. _____

8. acusar   a. _____   b. _____

9. el inquisidor   a. _____   b. _____

*EJERCICIO 2   Definiciones
Escoge la palabra cuya definición oyes.

> MODELO: (oyes)   Se refiere al conjunto de creencias y dogmas católicos.
>
> (escoges)   ⓐ   la Iglesia   b.   el Estado

1. a. brujería   b. herejía   4. a. acusar   b. castigar

2. a. el Estado   b. el inquisidor   5. a. castigar   b. concubinato

3. a. brujería   b. fanatismo   6. a. suprimir   b. acusar

*EJERCICIO 3   Asociaciones
Escribe la palabra que lógicamente responde a la pregunta que oyes.

> MODELO: (oyes)   ¿Qué asocias con acciones contrarias a la ley?
> (escribes)   delitos

1. _____

2. _____

3. _____

4. _____

5. _____

6. _____

7. _____

*EJERCICIO 4   Asociaciones
Empareja la palabra de la columna A con lo que se asocia con ella en la columna B.

A	B
1. _____ el Estado	a. acciones ilegales
	b. el poder civil; la política
2. _____ la Iglesia	c. tener creencias contrarias a las de la Iglesia
3. _____ el fanatismo	d. el poder eclesiástico
4. _____ la herejía	e. una pasión excesiva
5. _____ la brujería	f. el diablo; supersticiones; magia
6. _____ los delitos	

Gramática

«*Tanto **iba** el cántaro a la fuente, hasta que por fin **se rompió**.*»*

REVIEW OF THE PRETERITE AND IMPERFECT

A. Forms of the Preterite

Regular Forms

-ar VERBS (**asustar**)	-er VERBS (**temer**)	-ir VERBS (**vivir**)
asust**é**	tem**í**	viv**í**
asust**aste**	tem**iste**	viv**iste**
asust**ó**	tem**ió**	viv**ió**
asust**amos**	tem**imos**	viv**imos**
asust**asteis**	tem**isteis**	viv**isteis**
asust**aron**	tem**ieron**	viv**ieron**

Irregular Forms

1. Patterned changes

   a. Stem changes

	e → i (**preferir**)	o → u (**dormir**)
Models	preferí preferiste prefirió preferimos preferisteis prefirieron	dormí dormiste durmió dormimos dormisteis durmieron
Other verbs	despedir divertirse pedir vestirse	morir

---

*"One can only stand so much annoyance or misfortune." (Lit: The pitcher went to the well so often, until finally it broke.)

b. Sound-related changes in spelling

	c → qu	g → gu	z → c	gu → gü	i → y
	explicar	**llegar**	**cruzar**	**averiguar**	**influir**
Models	expli**qu**é explicaste explicó explicamos explicasteis explicaron	lle**gu**é llegaste llegó llegamos llegasteis llegaron	cru**c**é cruzaste cruzó cruzamos cruzasteis cruzaron	averi**gü**é averiguaste averiguó averiguamos averiguasteis averiguaron	influí influiste influ**y**ó influimos influisteis influ**y**eron
Other verbs	buscar indicar sacar	entregar jugar pagar	almorzar comenzar empezar	apaciguar atestiguar	distribuir leer oír

2. Idiosyncratic changes

a. Verbs that share a common root vowel, accentuation, and endings

INFINITIVE	ROOT VOWEL IN STEM	ENDINGS
andar caber estar haber poder poner saber tener	anduv- cup- estuv- hub- pud- pus- sup- tuv-	e iste o imos isteis ieron
hacer* querer venir	hic- quis- vin-	
conducir decir producir traducir traer	conduj- dij- produj- traduj- traj-	

b. Completely idiosyncratic verbs

ir / ser	dar
fui fuiste fue fuimos fuisteis fueron	di diste dio dimos disteis dieron

---

*****hacer → hizo** in third person singular to maintain the "s" sound.

B. Functions

To express completed action in the past. The emphasis is on the beginning or end of the action or on the action having been completed.

La Inquisición española **duró** casi 400 años.

The Spanish Inquisition lasted for almost 400 years.

Los jueces de Salem, Massachusetts, **acusaron** de brujería a muchas mujeres inocentes.

The judges of Salem, Massachusetts, accused many innocent women of witchcraft.

Las reformas del gobierno español **empezaron** el mismo año en que **murió** Franco.

Reforms in the Spanish government began in the same year that Franco died.

C. Forms of the Imperfect

Regular Forms

-ar VERBS (explicar)	-er VERBS (creer)	-ir VERBS (influir)
explic**aba**	cre**ía**	influ**ía**
explic**abas**	cre**ías**	influ**ías**
explic**aba**	cre**ía**	influ**ía**
explic**ábamos**	cre**íamos**	influ**íamos**
explic**abais**	cre**ías**	influ**íais**
explic**aban**	cre**ían**	influ**ían**

Irregular Forms

ser	ir	ver
era	iba	veía
eras	ibas	veías
era	iba	veía
éramos	íbamos	veíamos
erais	ibais	veíais
eran	iban	veían

D. Functions

1. To express repeated or habitual actions or situations in the past

Cada verano, mis hermanos y yo **visitábamos** a mi abuela.

Every summer, my brother and I visited my grandmother.

De niña, Clara **iba** a la iglesia con sus padres cada domingo.

As a child, Clara went to church with her parents every Sunday.

2. To express mental, emotional, or physical states or to describe physical appearance in the past

> El niño **tenía** miedo y **estaba** confundido. No **sabía** qué hacer.
>
> *The boy was afraid and confused. He didn't know what to do.*
>
> **Era** bajito y **tenía** pelo corto y rubio.
>
> *He was short and he had short blonde hair.*

3. To describe background circumstances in the past, including age, time, and weather

> En la Edad Media, no **había** separación entre la religión y el gobierno.
>
> *In the Middle Ages, there was no separation of religion and government.*
>
> **Eran** las tres de la mañana y **hacía** mucho frío.
>
> *It was three o'clock in the morning and it was very cold out.*

4. To express two or more events simultaneously in progress in the past

> Los estudiantes **tomaban** apuntes mientras el profesor **hablaba** de la política.
>
> *The students took notes (were taking notes) while the professor spoke (was speaking) about politics.*

Ejercicios escritos

*EJERCICIO 1   Preterite or Imperfect?
The following is a student essay about a vacation trip to Guatemala. Complete the essay by filling in the blanks with the correct form of the preterite or imperfect, as necessary.

Las vacaciones en Guatemala

El año pasado mi familia y yo (ir) _____[1] a Guatemala de vacaciones.

(Ser) _____[2] abril, en plena primavera. Un día, mi padre (decir)

_____[3] que (querer) _____[4] salir a caminar por la plaza

central. Así que todos nosotros lo (acompañar) _____[5]. En la plaza, (haber)

_____[6] mucha gente, pero nosotros no (saber) _____[7] lo que

(hacer) _____[8] la gente allí. De repente (empezar) _____[9] a

pasar un desfile.ª Los participantes (llevar) _____[10] túnicas muy largas y (caminar)

_____[11] muy lentamente. (Cargar) _____[12] crucifijos, estatuas

de santos, un ataúd y ramas de árboles. Por fin, alguien nos (explicar) _____[13] que

(ser) _____[14] las celebraciones de Semana Santa.

ª*parade*

*EJERCICIO 2   Rasputín
Rasputin, advisor to Czar Nicholas and his wife, Alexandra, was famous as a religious prophet and political figure in early 20th-century Russia. Read the following excerpt from an article about Rasputin and fill in the blanks with the appropriate forms of the preterite or the imperfect, as necessary.

Todo el que conoció a Rasputín, (quedar) _____[1] impresionado por su mirada de

fuego, que (parecer) _____[2] estar animada, a veces, por una fuerza diabólica, otras, por una fuerza divina. El príncipe Yusópov, hombre fatal en la vida de Rasputín, (describir)

_____³ la mirada como «rayos de luz brillantes, como fosforescentes». Las

fotografías que quedan de Rasputín muestran algo de eso. Incluso, los historiadores más severos

concuerdan en que Rasputín (tener) _____⁴ «algo». Se sabe que (poseer)

_____⁵ el don[a] de la palabra y de la convicción, además de sus debatidos poderes

de sanar[b] y telepatía.

El padre Juan de Kronstadt, respetado sacerdote, (encontrar) _____⁶ un

notable predicador en Rasputín y lo (escoger) _____⁷ para hablar a los

campesinos pobres de Rusia. Pronto, la reputación mística de Rasputín (crecer)

_____⁸, hasta que, en 1905, dos duquesas lo (presentar) _____⁹

a los zares.

[a]*gran habilidad* [b]*curar*

Actividades optativas de vocabulario y gramática

ACTIVIDAD A   Asociaciones
Para cada palabra, da dos palabras o frases que asocias con ella. Luego, explica tus razones.

MODELO: el fanatismo → a. intolerancia   b. irracionalidad
Para mí, el fanatismo significa una actitud intolerante y el rechazo de creencias más razonables.

1. el concubinato   a. _____   b. _____
_____

2. los delitos   a. _____   b. _____
_____

3. la herejía   a. _____   b. _____
_____

4. la brujería   a. _____   b. _____
_____

5. suprimir   a. _____   b. _____
_____

6. acusar   a. _____   b. _____

_____

_____

ACTIVIDAD B ¿Qué tienen en común?

Expresa, con tus propias palabras, las semejanzas entre cada par de palabras.

MODELO: el fanatismo y suprimir →
Los fanáticos de cualquier secta siempre quieren suprimir ideas y creencias que
contradicen las de ellos.

1. acusar y castigar _____

_____

2. la brujería y el Estado _____

_____

3. la herejía y la Iglesia _____

_____

4. el inquisidor y acusar _____

_____

ACTIVIDAD C ¿Qué opinas?

Contesta las siguientes preguntas dando tu propia opinión.

1. ¿Puede haber una fusión de los poderes civil y eclesiástico en este país?

_____

_____

_____

2. ¿Puedes dar ejemplos contemporáneos de persecución?

_____

_____

_____

3. ¿Crees que el Papa, o cualquier líder eclesiástico, debe dictar las creencias o dogmas de la
iglesia?

_____

_____

_____

4. ¿Cuál es la diferencia entre creer en milagros y creer en la brujería?

_____

_____

_____

5. ¿Puedes dar tres ejemplos diferentes del fanatismo en la sociedad contemporánea?

_____

_____

_____

ACTIVIDAD D   Expansión léxica

Busca en el diccionario las otras formas de las siguientes palabras.

v. = verbo   **s.** = sustantivo   **adj.** = adjetivo

1. concubinato   s. _____

                      v. _____

2. inquisidor   v. _____

3. brujería   s. _____

                      s. _____

4. delito   v. _____

5. acusar   s. _____

                      s. _____

6. interrogar   s. _____

                      adj. _____

7. fanatismo   s. _____

                      adj. _____

8. suprimir   s. _____

                      adj. _____

9. herejía   s. _____

                      adj. _____

ACTIVIDAD E   El juicio de brujas   (Preterite and Imperfect)

¿Cuánto sabes del juicio de brujas en Salem, Massachusetts, en 1692? ¿Fue parecido a la Inquisición española que estudiaste en la clase? Haz una investigación de los juicios de brujas en Salem y escribe un párrafo de por lo menos ocho oraciones explicando lo que pasó. Ten cuidado con el uso del pretérito y el imperfecto.

_____

_____

_____

_____

_____

_____

_____

_____
_____
_____
_____
_____
_____
_____
_____
_____

ACTIVIDAD F   Tu formación religiosa   (Preterite and Imperfect)

¿Cómo fue tu formación religiosa? ¿Fue estricta o no? ¿Qué pensabas de tu iglesia, sinagoga o templo cuando eras niño o niña? Describe la historia de tu formación religiosa (o la falta de una formación religiosa) en un párrafo de por lo menos ocho oraciones. Ten cuidado con el uso del pretérito y del imperfecto.

_____
_____
_____
_____
_____
_____
_____
_____
_____
_____
_____
_____
_____
_____
_____

LECCIÓN 18

EL SEXISMO, EL RACISMO Y LOS DERECHOS HUMANOS

IDEAS PARA EXPLORAR   El sexismo

• •

Vocabulario del tema

VERBOS

discriminar   dar trato de inferioridad a una persona o colectividad por motivos raciales, sexualistas, heterosexualistas, políticos, religiosos, etcétera

ofender   dañar; herir los sentimientos de una persona

SUSTANTIVOS

la actitud discriminatoria   disposición mental que separa a las personas por varios motivos, como por ejemplo origen, raza, religión, sexo, etcétera

el acto discriminatorio   acción contra las personas por razón de origen, raza, religión, sexo, etcétera

la desigualdad   relación que se basa en la superioridad de una cosa y la inferioridad de otra; falta de igualdad

el heterosexualismo   actitud discriminatoria en contra de las personas que no son heterosexuales

la inclinación sexual   propensión, tanto física como emotiva, de una persona hacia personas de un sexo determinado; las tres inclinaciones sexuales reconocidas son la heterosexualidad, la homosexualidad y la bisexualidad

Ejercicios escritos

EJERCICIO 1   Palabras clave

Repasa las definiciones de los siguientes conceptos relacionados con el sexismo. Para cada uno, escoge dos palabras o frases clave que te ayudan a recordar su significado.

MODELO: ofender → a. dañar   b. herir

1. la inclinación sexual   a. _____   b. _____

2. el heterosexualismo   a. _____   b. _____

3. discriminar   a. _____   b. _____

4. la desigualdad   a. _____   b. _____

5. el acto discriminatorio   a. _____   b. _____

6. la actitud discriminatoria   a. _____   b. _____

*EJERCICIO 2   Definiciones

Escribe la palabra o frase cuya definición oyes.

> MODELO: (oyes)   Se refiere a la disposición que separa a las personas de origen, raza y religión diferentes en un país.
> (escribes)   la actitud discriminatoria

1. _____

2. _____

3. _____

4. _____

5. _____

6. _____

Gramática

> «*Que en paz **descanse**.*»*

REVIEW OF THE SUBJUNCTIVE IN NOUN CLAUSES

A. Forms

Review the forms of the present subjunctive in **Lección 6** and the past subjunctive in **Lección 14.**

B. Functions

Remember that just as a noun can be the object of a verb, an entire clause can also function as a noun in English. Compare the following examples:

I recommend **that book.**	*That book* is a noun phrase and is the object of *recommend*. It answers the question, "What do you recommend?"
I recommend **that you study more.**	*That you study more* is an entire clause that functions as a noun and is the object of *recommend*. It also answers the question, "What do you recommend?"

In Spanish, nouns and noun clauses can also be objects of verbs. Noun clauses are introduced by **que.** The following three sentences contain examples of noun clauses, but because they are simple statements of fact, they do not trigger the subjunctive in the noun clause. Rather, the indicative is used in these cases.

---

*"May he/she rest in peace."

Las empresas **declaran que no** *saben* de ningún caso de discriminación sexual entre sus empleados.	*The companies declare that they don't know of any cases of sexual discrimination among their employees.*
El periódico dice **que todavía** *hay* muchos crímenes motivados por actitudes discriminatorias.	*The newspaper says that there are still many crimes motivated by discriminatory attitudes.*
La víctima afirmó **que el grupo de neonazis lo** *atacó.*	*The victim affirmed that the group of neo-Nazis attacked him.*

You have already studied the subjunctive in noun clauses in evaluative statements in **Lección 13.** In this lesson, you will learn to use the subjunctive in statements of volition. Volition refers to the act of imposing one's will on someone else. When the main verb expresses volition (for example, **recomendar, pedir, sugerir, prohibir, insistir**), the verb in the following noun clause is in the subjunctive. Notice how the following examples differ from those given above in that these are not statements of fact, but rather that each one involves someone or something attempting to impose his or her will upon someone else. For that reason, the subjunctive must be used in the noun clause.

Todos esperamos **que** *haya* menos violencia motivada por el odio.	*We all hope that there will be less violence motivated by hate.*
El tratado de Ginebra prohibe **que los soldados** *torturen* a los prisioneros de guerra.	*The Geneva Convention prohibits soldiers from torturing prisoners of war.*
El Ku Klux Klan insiste en **que la raza blanca** *sea* superior a las demás.	*The Ku Klux Klan insists that the white race is superior to others.*
El presidente va a pedir **que el congreso** *escriba* una ley para proteger los derechos de los homosexuales.	*The president is going to ask that Congress write a law to protect the rights of homosexuals.*

Práctica de escuchar

PRÁCTICA   Listening for the Contrast Between Indicative and Subjunctive in Noun Clauses
You will hear the endings of statements concerning human rights and related topics. Check the appropriate beginning to complete each statement. Each pair of beginnings includes one with a verb of volition that requires the subjunctive and one that does not. The answers are given on the audio program.

ESTRATEGIA PARA ESCUCHAR

Because both the indicative and subjunctive are possible in noun clauses, you will need to concentrate on the verb used in the main clause to know whether a speaker is expressing volition or not. With the exception of irregular verbs (e.g., **saber → sepa, ser → sea,** etc.), the vowel in the last syllable of the verb will be the signal of indicative or subjunctive; **-ar** verbs change to **-e** in the subjunctive and **-er/-ir** verbs change to **-a** in the subjunctive.

MODELO: (oyes)   ...la reunión sea corta.
(escoges)   ☑ La embajadora espera que...
☐ La embajadora dice que...

1. a. ☐ El senador recomienda que…

   b. ☐ El senador dice que…

2. a. ☐ Las Naciones Unidas prohíben que…

   b. ☐ Las Naciones Unidas creen que…

3. a. ☐ El presidente quiere que…

   b. ☐ El presidente dice que…

4. a. ☐ Los líderes del Congreso Nacional de África del Sur insisten en que…

   b. ☐ Los líderes del Congreso Nacional de África del Sur declaran que…

5. a. ☐ Los croatas esperan que…

   b. ☐ Los croatas creen que…

6. a. ☐ El gobierno alemán pide que…

   b. ☐ El gobierno alemán comenta que…

7. a. ☐ Los políticos argentinos esperan que…

   b. ☐ Los políticos argentinos afirman que…

8. a. ☐ El presidente de los Estados Unidos quiere que…

   b. ☐ El presidente de los Estados Unidos menciona que…

9. a. ☐ La gente de Ruanda espera que…

   b. ☐ La gente de Ruanda dice que…

10. a. ☐ Los mexicoamericanos desean que…

    b. ☐ Los mexicoamericanos declaran que…

Ejercicios escritos

*EJERCICIO 1   Identifying Noun Clauses

Underline the noun clause in each of the following sentences. Then, indicate whether or not the writer is expressing volition through the use of the subjunctive in the noun clause.

> MODELO: El abogado afirmó <u>que los acusados fueron detenidos por la policía por llevar documentos falsos</u>.
> ☐ Volition   ☑ Nonvolition

1. La jefa de la prensa pide que los líderes de los partidos opuestos dejen de conducir campañas negativas.
   ☐ Volition   ☐ Nonvolition

2. Las tribus de indios norteamericanos esperan que el gobierno les devuelva las tierras perdidas.
   ☐ Volition   ☐ Nonvolition

3. Hitler siempre afirmaba que la raza alemana era superior a las demás razas.
   ☐ Volition   ☐ Nonvolition

4. Los indios de Chiapas quieren que el gobierno mexicano los reconozca como ciudadanos mexicanos con todos los derechos reservados a los otros ciudadanos.
   ☐ Volition   ☐ Nonvolition

5. Muchos cubanos que han inmigrado a los Estados Unidos dicen que han sido maltratados por la mayoría de los estadounidenses con quienes han tenido contacto.
   ☐ Volition   ☐ Nonvolition

6. El presidente de la Argentina todavía insiste en que la gente se olvide de las atrocidades del gobierno anterior.
   ☐ Volition   ☐ Nonvolition

7. Algunos periodistas repiten que varios oficiales del gobierno mexicano consiguieron sus puestos por vía del fraude electoral.
   ☐ Volition   ☐ Nonvolition

8. Fidel Castro enfatizó que el diálogo entre los Estados Unidos y Cuba es necesario para resolver los problemas entre los dos países.
   ☐ Volition   ☐ Nonvolition

9. La Iglesia católica pide que las autoridades mexicanas le den una explicación aceptable sobre el asesinato del cardenal Juan Jesús Posadas en 1993.
   ☐ Volition   ☐ Nonvolition

10. El embajador de Chile espera con anticipación que el gobierno estadounidense anuncie oficialmente los resultados de la investigación sobre los derechos humanos de su país y la inminente inclusión de éste en el Tratado de Libre Comercio (NAFTA).
    ☐ Volition   ☐ Nonvolition

*EJERCICIO 2   En las noticias

The following statements were taken from a current Spanish-language newspaper. Each contains a noun clause and a verb that has been changed to the infinitive. Conjugate the verbs in the indicative or subjunctive, according to the context.

1. Chicago. Manifestación contra el Servicio de Inmigración y Naturalización. «Los manifestantes piden que el INS no (seguir) _____ realizando redadas ni deportaciones.»

2. La Argentina. Hijo del presidente muere en 'accidente' de helicóptero. «El presidente dijo por su lado, en declaraciones a una radioemisora, que no (tener) _____ sospechas de un atentado criminal, …»

3. Bolivia. Gobierno boliviano reacciona ante el asesinato de ciudadano boliviano en Nueva Jersey. «La cancillería boliviana tomó cartas en el asunto y pidió a la embajada de los Estados Unidos que (intervenir) _____ a fin de que no solamente se castigue al presunto criminal, sino que también se pague a la familia de la víctima una justa indemnización.»

4. Honduras. Jefe militar recibe sentencia por violación y homicidio de joven estudiante. «El tribunal declaró que (hay) _____ bases suficientes para ratificar la sentencia contra el coronel Ángel Castillo, condenado a seis años y medio por violación y diez años por el homicidio de una estudiante de diecinueve años.»

5. Panamá. Violación del tratado entre Panamá y los Estados Unidos. «El legislador expresó que los Estados Unidos (haber) _____ comenzado a descuidar los bienes, antes de su devolución al gobierno panameño.»

6. Lima, Perú. Ejecutivos acusados de robo capturados en el Brasil. «América Televisión, en un informe desde Curitiba, informó que Figueroa y Neyra (ser) _____ detenidos por la policía brasileña por portar documentos de identificación falsos.»

7. Chicago. Anuncian la demolición de silos abandonados. «Queremos que se nos (confirmar)

_____ la fecha de la demolición, qué recursos han sido asignados y qué se va a

construir en ese lugar.»

8. Ciudad de Guatemala. Soldado guatemalteco afirma la captura de jefe rebelde. «En una

declaración sorpresiva, el militar Ángel Urizar dijo a la prensa que, contrario a los informes del

gobierno de Guatemala, el dirigente rebelde Efraín Bámaca Velásquez (ser) _____

capturado con vida por el ejército en 1992.»

Actividades optativas de vocabulario y gramática

ACTIVIDAD A   Con tus propias palabras
Escribe, con tus propias palabras, definiciones para las siguientes palabras y frases.

MODELO: la actitud discriminatoria →
Para mí la actitud discriminatoria es el resultado en parte de la falta de imaginación:
incapacidad de imaginar cómo es ser una persona de otra raza, religión, clase, etcétera.

1. el acto discriminatorio _____

_____

_____

2. el heterosexualismo _____

_____

_____

3. discriminar _____

_____

_____

4. la inclinación sexual _____

_____

_____

5. ofender _____

_____

_____

6. la desigualdad _____

_____

_____

ACTIVIDAD B   Según tus experiencias...

Indica las experiencias que has tenido con relación a cada uno de los conceptos siguientes. Si no has tenido ninguna, explica por qué crees que no las has tenido.

> MODELO: la desigualdad →
> No he tenido ninguna experiencia personal con respecto a la desigualdad porque vengo de un pueblo bastante pequeño donde la población es más o menos homogénea.

1. el sexismo

_____

_____

_____

2. la orientación sexual

_____

_____

_____

3. un acto disciminatorio

_____

_____

_____

4. una actitud discriminatoria

_____

_____

_____

5. el heterosexualismo

_____

_____

_____

ACTIVIDAD C   ¿Qué opinas?

Da tu propia opinión acerca de las siguientes afirmaciones.

1. La desigualdad es más natural que la igualdad. No hay personas iguales.

_____

_____

_____

2. Las películas de Hollywood deben indicar no solamente el grado de violencia de una película sino también el grado de sexismo que contiene, especialmente las películas de dibujos animados de Disney.

_____

_____

_____

3. No hay nada discriminatorio en el heterosexualismo porque representa y refleja el orden social.

_____

_____

_____

ACTIVIDAD D Expansión léxica
Busca en el diccionario las otras formas de las siguientes palabras.

v. = verbo   **s.** = sustantivo   **adj.** = adjetivo

1. desigualdad   v. _____
                    adj. _____

2. acto   v. _____

3. discriminar   s. _____

4. inclinación   v. _____

5. ofender   s. _____
                    adj. _____

6. sexual   s. _____
                    s. _____

ACTIVIDAD E ¿Qué deben hacer los estudiantes y los profesores? (Subjunctive in Noun Clauses)
Escribe cinco cosas que deben hacer los estudiantes para obtener una educación mejor. Luego, escribe cinco cosas que deben hacer los profesores para darles a los estudiantes una educación mejor. Usa una de las expresiones a continuación para empezar cada oración. ¡OJO! Será necesario utilizar el subjuntivo en la cláusula subordinada.

Deseo que	Prefiero que	Recomiendo que
Espero que	Quiero que	Sugiero que
Insisto en que		

MODELOS: Sugiero que los estudiantes *se concentren* más en aprender y menos en las notas.

Recomiendo que los profesores *den* más atención individual a cada estudiante.

LOS ESTUDIANTES

1. _____

_____

2. _____

_____

3. _____

_____

4. _____

_____

5. _____

_____

LOS PROFESORES

1. _____

_____

2. _____

_____

3. _____

_____

4. _____

_____

5. _____

_____

ACTIVIDAD F   ¿Tuviste una niñez restringida?   (Subjunctive in Noun Clauses)
Cuando eras niño/a, ¿qué te prohibían tus padres? ¿Qué te recomendaban que hicieras? ¿Qué esperaban de ti? Haz una lista de ocho oraciones con las reglas o prohibiciones que te impusieron tus padres o guardianes cuando eras niño/a. **¡OJO!** Será necesario usar el pasado de subjuntivo en las cláusulas subordinadas.

MODELO: Cuando era niño, mis padres insistían en que yo *me acostara* antes de las 10 de la noche.

1. _____

_____

2. _____

_____

3. _____

_____

4. _____

_____

5. _____

_____

6. _____

_____

7. _____

_____

8. _____

_____

ACTIVIDAD G Los derechos humanos   (Subjunctive in Noun Clauses)

Busca en los periódicos y las revistas noticias relacionadas con los derechos humanos. Debes encontrar por lo menos cuatro artículos distintos. Luego, escribe una sugerencia de por lo menos dos oraciones a cada persona o grupo. Usa la Actividad D que aparece en la página 287 del libro de texto como modelo.

1. _____

_____

2. _____

_____

3. _____

_____

4. _____

_____

5. _____

_____

6. _____

_____

7. _____

_____

8. _____

_____

ACTIVIDAD H Para eliminar la discriminación sexual   (Subjunctive in Noun Clauses)

En la clase, Uds. han hablado mucho de la discriminación sexual. ¿Qué recomiendas que se haga para eliminar esa discriminación? Escribe por lo menos ocho recomendaciones. Usa una de las expresiones de la Actividad E para empezar cada oración. **¡OJO!** Será necesario usar el subjuntivo en la cláusula subordinada.

MODELO: Recomiendo que todos los niños *se informen* en la escuela sobre la discriminación sexual.

_____

_____

_____

_____
_____
_____
_____
_____
_____
_____
_____
_____
_____
_____

IDEAS PARA EXPLORAR El racismo

Vocabulario del tema

VERBOS
cesar   dejar de hacer algo
controlar   ejercer control o dominio
despreciar   tener en poca estimación a una persona
dominar   sujetar, reprimir; tener una persona su voluntad sujeta a la de otra
oponerse a   ponerse en contra de una persona, idea o cosa
segregar   separar o apartar una cosa de otra; dar trato de inferioridad a una parte de la población

SUSTANTIVOS
el linaje   ascendencia de cualquier familia
los mulatos   los que nacen de una persona negra y otra blanca
el racismo   teoría que sostiene la superioridad de ciertas razas y la inferioridad de otras
la raza   en la especie humana, cada uno de los grandes grupos caracterizados principalmente por el color de la piel (negra, blanca, amarilla, cobriza, etcétera)

Ejercicios escritos

EJERCICIO 1   Palabras clave
Repasa las definiciones de las siguientes palabras asociadas con el racismo. Para cada una, escoge dos palabras o frases clave que te ayudan a recordar su significado.

MODELO: controlar   →   a. dominio   b. preponderancia

1.   la raza   a. _____   b. _____

2.   despreciar   a. _____   b. _____

3.   los mulatos   a. _____   b. _____

4.   dominar   a. _____   b. _____

5.   oponerse a   a. _____   b. _____

6. cesar   a. _____   b. _____

7. el linaje   a. _____   b. _____

8. el racismo   a. _____   b. _____

9. segregar   a. _____   b. _____

*EJERCICIO 2   Definiciones

Escoge la palabra cuya definición oyes.

MODELO: (oyes)   resistir al enemigo; no aceptar lo que otro propone u ofrece
              (escoges)   rechazar

1. ____   a. controlar
                                     b. despreciar
2. ____   c. dominar
                                     d. oponerse a
3. ____   e. segregar
                                     f. cesar
4. ____

5. ____

6. ____

*EJERCICIO 3   Asociaciones

Empareja cada palabra de la columna A con su definición en la columna B.

A   B

1. ____ segregar   a. no estimar a otra persona
                          b. nacido de una persona blanca y una negra
2. ____ el linaje   c. no seguir haciendo algo
                          d. estar en contra; rechazar
3. ____ los mulatos   e. el Apartheid; distinguir a base de la raza
                          f. ascendencia o descendencia
4. ____ cesar   g. teoría que sostiene la superioridad de ciertas
                              razas frente a las demás
5. ____ despreciar   h. casta o linaje; grupos de seres humanos que se
                              caracterizan por el color de su piel
6. ____ el racismo

7. ____ la raza

8. ____ oponerse a

Gramática

«*Cuando estés en la abundancia, **acuérdate de** la calamidad.*»*

VERBS THAT TAKE SPECIFIC PREPOSITIONS

A. Forms

Some Spanish verbs are normally followed by the prepositions **a, de, en,** or **con.** These prepositions are either not expressed in English or they are translated by a preposition other than the expected equivalent. If a second verb follows the preposition, it is in the infinitive form. Here are several common verbs that occur with prepositions:

---

*"When things are going well, remember the times they weren't."

a	de	en	con
aprender a	acabar de	consentir en	casarse con
ayudar a	acordarse de	consistir en	contar con
comenzar a	alegrarse de	insistir en	divertirse con
detenerse a	dejar de	pensar en	soñar con
negarse a	gozar de	quedar en	
oponerse a	olvidarse de	tardar en	
volver a	quejarse de		
	tratar de		

B. Functions

These prepositions do not have a function, per se. Rather, they simply are a feature of the grammar of Spanish.

Los gobiernos siempre **tardan en** modificar las leyes fundamentales como las que tienen que ver con los derechos civiles.

Governments always take a long time to change fundamental laws like those that have to do with civil rights.

Por muchísimo tiempo, la gente blanca **se negó a** reconocer la igualdad de otras razas.

For a very long time, white people refused to recognize the equality of other races.

Casi todo el mundo **sueña con** el fin del racismo.

Almost everyone dreams of the end of racism.

Los judíos conmemoran muchos acontecimientos históricos tristes para no **olvidarse de** su pasado.

The Jews commemorate many sad historical events so as not to forget their past.

Ejercicios escritos

*EJERCICIO 1   Using Verbs with Prepositions
Fill in the blanks with a preposition if necessary. **¡OJO!** Not all the blanks require a preposition.

El doctor Martin Luther King, Jr., es una de las figuras más importantes en la historia del racismo en

los Estados Unidos. Toda la vida soñó _____[1] crear una sociedad en que toda la gente gozara

_____[2] los mismos derechos y privilegios. Él y sus seguidores se quejaban _____[3] el tratamiento

que se daba a los negros y se negaban _____[4] aceptarlo. El Dr. King siempre decía _____[5] que,

unida la gente, podía _____[6] lograr cualquier cosa. Su método de protesta más efectivo consistía

_____[7] las manifestaciones pacíficas. Mientras las ideas del Dr. King ganaban _____[8] popularidad,

había mucha gente que tenía miedo de un cambio social. Esa gente se oponía _____[9] la igualdad de

oportunidades y no quería _____[10] compartir los trabajos ni los lugares públicos con los negros. Un

fanático mató al Dr. King, pero las ideas del ilustre orador y su lucha por lograr la igualdad no

murieron con él.

*EJERCICIO 2   Recognizing Verbs with Prepositions

Read the following article and note all of the underlined verbs that occur with prepositions. Then, write the verbs with their prepositions in the correct column according to the function of the preposition; grammatical (no specific function), or normal preposition (*to, of, in, with*, etc.). ¡**OJO**! If a verb occurs with both a personal **a** and a grammatical preposition, it should be categorized as a grammatical (nonfunctional) preposition in the first category.

Programa bilingüe para los escolares de Pilsen

Este verano se inaugura un nuevo programa piloto bilingüe denominado *Partners in Learning*, que <u>ayudaría</u> a los niños latinos del área de Pilsen <u>a</u> mejorar sus destrezas.

El programa <u>contará con</u> un subsidio de 40.000 dólares de la UIC y los participantes serán los niños del décimo grado de la Escuela Secundaria Benito Juárez, los alumnos del sexto grado de la Escuela Primaria Jungman y los del octavo grado de la Academia Comunitaria Orozco.

Los estudiantes de la Juárez <u>participarán en</u> un programa de capacitación en el verano, en el que <u>aprenderán a</u> ser mentores y a <u>ayudar</u> a los niños <u>con</u> las tareas de este programa. También ofrecerán

recomendaciones para mejorar el proyecto piloto. En el otoño, los niños de la Orozco y de la Jungman <u>comenzarán a</u> <u>reunirse con</u> sus mentores de la Juárez en clubs de tareas y ciencias.

«Para la Orozco sería fantástico porque como el enfoque de nuestro currículo <u>es en</u> las ciencias, los niños podrán aprender más cosas que no aprenden regularmente en el salón de clases», comentó Teresa Fraga, maestra de la Orozco.

Según Gloria Cortés, miembro de la junta de directores de la PNCC, el programa <u>cuenta con</u> una junta asesora comercial y con la colaboración de la Cámara de Comercio Mexicana, que <u>asistirán</u> a los niños de la Juárez <u>a</u> conseguir capacitación laboral.

GRAMMATICAL	NORMAL PREPOSITIONAL

Actividades optativas de vocabulario y gramática

ACTIVIDAD A   Con tus propias palabras

Escribe, con tus propias palabras, definiciones de las siguientes palabras.

MODELO: el apartheid →
Es el sistema de segregación racial que existía en África del Sur hasta la elección del presidente Nelson Mandela.

1. controlar _____

_____

_____

2. despreciar _____

_____

_____

3. los mulatos _____

_____

_____

4. el linaje _____

_____

_____

5. la raza _____

_____

_____

6. oponerse a _____

_____

_____

7. dominar _____

_____

_____

8. segregar _____

_____

_____

ACTIVIDAD B   Tus experiencias

Escribe una oración en que expresas tus propias experiencias usando cada una de las siguiente palabras.

1. la raza _____

_____

_____

2. el linaje _____

_____

_____

3. despreciar _____

_____

_____

4. el racismo _____

_____

_____

5. dominar _____

_____

_____

ACTIVIDAD C   ¿Estás de acuerdo?

Indica si estás de acuerdo o no con las ideas expresadas en cada oración. Luego, explica tus razones.

1. El racismo es muy prevalente en esta sociedad aunque ahora es menos obvio de lo que era en los años cincuenta.

_____

_____

2. Toda persona tiene prejuicios y no es posible eliminarlos por completo.

_____

_____

3. Para solucionar los prejuicios que motivan el racismo, hay que conocer personalmente a personas de diferentes razas.

_____

_____

4. Muchos grupos deciden segregarse voluntariamente de los demás grupos.

_____

_____

5. La historia del mundo es la de una raza intentando dominar a otra.

_____

_____

ACTIVIDAD D   Expansión léxica

Busca en el diccionario las otras formas de las siguientes palabras.

v. = verbo   **s.** = sustantivo   **adj.** = adjetivo

1. despreciar   s. _____

adj. _____

2. oponerse   s. _____

adj. _____

3. despreciar   s. _____

adj. _____

4. raza

    s. _____

    adj. _____

5. controlar

    s. _____

    adj. _____

6. dominar

    s. _____

    adj. _____

7. segregar

    s. _____

    adj. _____

8. cesar

    s. _____

9. racismo

    s. _____

    adj. _____

ACTIVIDAD E   ¿Qué haces?   (Verbs with Prepositions)

Usando los verbos de la lista, escribe oraciones verdaderas para ti según la situación. Trata de usar un verbo distinto en cada oración. Puedes usar las palabras dadas, cambiarlas o eliminarlas cuando sea necesario. **¡OJO!** Cuidado con las preposiciones y la forma de los verbos que los siguen.

aprender a	acabar de	consentir en	casarse con
apresurarse a	acordarse de	consistir en	contar con
ayudar a	alegrarse de	insistir en	divertirse con
comenzar a	cesar de	pensar en	entretenerse con
detenerse a	dejar de	quedar en	soñar con
negarse a	gozar de	tardar en	
oponerse a	olvidarse de		
volver a	quejarse de		
	tratar de		

MODELO: cuando era niño/a → Cuando yo era niño, *soñaba con* ser arquitecto.

1. cuando era niño/a _____

    _____

2. un buen método de estudiar _____

    _____

3. después de terminar los estudios _____

    _____

4. en la casa _____

    _____

5. cuando hay un problema _____

    _____

6. durante las vacaciones _____

    _____

7. me sirven comida podrida en un restaurante _____

_____

8. un amigo me pide un favor imposible _____

_____

9. en la clase de español _____

_____

10. en una cita _____

_____

ACTIVIDAD F   Tus opiniones   (Verbs with Prepositions)

En la clase, escribiste en grupos oraciones sobre el racismo. ¿Cuáles fueron las opiniones más importantes para ti? ¿Las menos importantes? Escribe cuatro oraciones en que expreses las características del racismo más importantes para ti. Luego, escribe cuatro oraciones expresando las características del racismo menos importantes para ti. Usa los mismos verbos de la Actividad E (u otros que van acompañadas de una preposición).

MODELO: Muchas personas *se niegan a* reconocer el racismo y esto es lo más importante para empezar a combatirlo.

LO MÁS IMPORTANTE

1. _____

_____

2. _____

_____

3. _____

_____

4. _____

_____

LO MENOS IMPORTANTE

1. _____

_____

2. _____

_____

3. _____

_____

4. _____

_____

IDEAS PARA EXPLORAR   Los derechos humanos

• •

Vocabulario del tema

VERBOS
desprestigiar   quitar la buena reputación; desacreditar
fusilar   ejecutar a una person con un arma de fuego
indignar   sentir enfado por una cosa injusta
repugnar   causar repugnancia o aversión
soportar   sufrir; tolerar

SUSTANTIVOS
la aversión   animosidad, antipatía que se siente por alguna persona o cosa
los crímenes por el odio   actos ilegales motivados por el odio
el genocidio   exterminio o eliminación sistemática de un grupo social
la homofobia   odio, hostilidad o desprecio hacia los homosexuales
la intolerancia   falta de respeto o consideración hacia las opiniones o prácticas de otros, por ser
    diferentes de los demás
la marginación   acción y efecto de aislar o apartar de la sociedad a una persona o un grupo
la repugnancia   aversión, repulsión

Ejercicios escritos

EJERCICIO 1   Palabras clave
Repasa las definiciones de las siguientes palabras asociadas con los derechos humanos. Para cada una,
escoge dos palabras o frases clave que te ayudan a recordar su significado.

MODELO: repugnar   →   a.   repugnancia   b.   aversión

1.   la aversión   a. ——————————   b. ——————————

2.   la homofobia   a. ——————————   b. ——————————

3.   el genocidio   a. ——————————   b. ——————————

4.   la marginación   a. ——————————   b. ——————————

5.   la repugnancia   a. ——————————   b. ——————————

6.   los crímenes por el odio a. ——————————   b. ——————————

7.   indignar   a. ——————————   b. ——————————

8.   desprestigiar   a. ——————————   b. ——————————

9.   fusilar   a. ——————————   b. ——————————

10. soportar   a. ——————————   b. ——————————

*EJERCICIO 2   Definiciones
Escribe la palabra o frase cuya definición oyes.

MODELO: (oyes)   sentir enfado por una cosa injusta
             (escribes)   indignar

1. _____
2. _____
3. _____
4. _____
5. _____
6. _____
7. _____

*EJERCICIO 3 Asociaciones

Empareja cada palabra de la columna A con su definición de la columna B.

A

1. ____ fusilar
2. ____ crímenes por el odio
3. ____ la intolerancia
4. ____ la aversión
5. ____ soportar
6. ____ la marginación
7. ____ desprestigiar
8. ____ el genocidio
9. ____ la homofobia
10. ____ indignar

B

a. actos ilegales motivados por los prejuicios
b. odio u hostilidad hacia los homosexuales
c. actitud agresiva contra los individuos que tienen diferentes ideas religiosas, políticas, etcétera
d. exterminio o eliminación sistemática de un grupo social
e. tolerar
f. aislar, segregar, apartar
g. irritar; enfadar, provocar indignación
h. ejecutar a una persona con un arma de fuego
i. animosidad, antipatía que se siente por alguna persona o cosa
j. quitar la buena reputación

Gramática

«*Amor con amor se paga.*»*

REVIEW OF THE IMPERSONAL AND PASSIVE se

I.   The Impersonal *se*

A. Forms

The impersonal **se** is used with a third person singular verb.

B. Functions

The impersonal **se** expresses subjects that English would express with *one, you, people* (in general), or *they*. It indicates that people are involved in the action of the verb, but no specific individual is identified as performing the action. It is commonly used to make general statements or to ask questions about how something is done in general, rather than by a specific person.

---

*"You pay for love with more love."

¿Cómo **se sabe** que no hay abusos de los derechos humanos en lugares donde no hay observadores neutros?	*How do you know that there are no abuses of human rights in places where there are no neutral observers?*
¿Cómo **se permite** que los criminales escapen de la justicia?	*How does one allow criminals to escape justice?*
Se ve que todavía hay muchos casos de homofobia por todo el mundo.	*One sees that there are still many cases of homophobia around the world.*

II. The Passive **se**

A. Form

The passive **se** is used with a third person singular or plural verb, depending on whether the object being acted upon is singular or plural.

```
se + third person { singular / plural } verb + noun

noun + se + third person { singular / plural } verb
```

B. Functions

As with the impersonal **se,** the passive **se** indicates that no specific individual is being referred to. The action is being done to something but the agent (the "doer") is either unknown or unimportant. Take note that the grammatical subject normally follows the verb in this construction.

Aquí no **se soporta** ninguna forma de discriminación.	*No form of discrimination is tolerated here.*
Se venden las armas en el mercado negro.	*Weapons are sold through the black market.*
En Europa, **se enseñan** muchas lenguas y dialectos nativos ahora que no **se enseñaban** hace pocos años.	*In Europe, many native languages and dialects are (being) taught that were not (being) taught a few years ago.*

If a person or persons are acted upon and preceded by **a,** the verb remains in the singular.

Se denunció a los maestros cuando hicieron huelga.	*The teachers were blamed when they went on strike.*
¿**Se respeta** a las mujeres donde trabajan Uds.?	*Are women respected where you work?*

Ejercicios escritos

*EJERCICIO 1   Using Passive *se*
Answer the following trivia questions with the passive **se.** If you don't know the answer, respond with **No sé...** + the passive **se.**

MODELOS: ¿Dónde comen los tamales? → Se comen tamales en México.

→ No sé donde se comen tamales.

1. ¿Con qué frecuencia juegan la Copa Mundial?

_____

2. ¿Dónde hablan guaraní?

_____

3. ¿En qué fecha conmemoran la independencia de México?

_____

4. ¿En qué países practican las corridas de toros?

_____

5. ¿Dónde crearon la paella valenciana?

_____

6. ¿En qué país inventaron la música que se llama el mambo?

_____

7. ¿Dónde bailan el tango?

_____

8. ¿En qué país hablan gallego?

_____

9. ¿Dónde toman mate?

_____

10. ¿En qué fecha celebran la Nochebuena en Perú?

_____

*EJERCICIO 2   Los derechos humanos

Change the following sentences by using the passive **se** (eliminate the agent and substitute the appropriate verb form with **se**).

MODELO: Un congreso internacional estableció los códigos de derechos humanos en 1975. →
Se establecieron los códigos de derechos humanos en 1975.

1. En algunos países, los gobernantes no respetan el derecho a una prensa libre.

_____

2. En Kosovo, muchos edificios fueron destruidos durante la guerra.

_____

3. Los blancos en Sudáfrica ignoraron los derechos de los negros por muchos años.

_____

4. Varios individuos crearon «Amnesty International» para proteger los derechos de todas las personas.

_____

5. Hoy, grupos como la S.P.C.A. protegen los derechos de los animales.

_____

6. Rigoberta Menchú denunció el caso de la marginación y el asesinato de los indios guatemaltecos.

_____

7. Hitler perpetró el genocidio contra los judíos de Europa durante la Segunda Guerra Mundial.

_____

8. Mucha gente no sabe que los colonistas europeos asesinaron millones de indios en la Argentina.

_____

Actividades optativas de vocabulario y gramática

ACTIVIDAD A Tus experiencias
Escribe oraciones sobre tus experiencias personales usando las siguientes palabras y frases. Si no has tenido ninguna experiencia relacionada, trata de explicar el porqué.

MODELO: el odio →
Personalmente no he sido el objeto de ningún acto motivado por el odio, por lo menos que yo sepa. Como veo las noticias en la televisión casi todos los días, he visto muchísimos casos de odio por causa del racismo, la xenofobia y la homofobia. Existe mucho odio en este mundo.

1. crímenes por el odio _____

_____

_____

2. la intolerancia _____

_____

_____

3. indignar _____

_____

_____

4. la homofobia _____

_____

_____

5. la aversión _____

_____

_____

6. la marginación _____

   _____

   _____

7. desprestigiar _____

   _____

   _____

ACTIVIDAD B   Buscar antónimos

Busca en el diccionario palabras que son antónimos a las siguientes palabras.

1. intolerancia _____

2. repugnancia _____

3. marginación _____

4. el odio _____

5. la aversión _____

6. desprestigiar _____

7. indignar _____

8. repugnar _____

9. soportar _____

ACTIVIDAD C   Expansión léxica

Busca en el diccionario las otras formas de las siguientes palabras.

v. = verbo   **s.** = sustantivo   **adj.** = adjetivo

1. intolerancia   v. _____

   adj. _____

2. repugnancia   adj. _____

3. marginación   v. _____

   adj. _____

4. odio   v. _____

   adj. _____

5. desprestigiar   s. _____

6. indignar   s. _____

   adj. _____

ACTIVIDAD D   ¿Qué se debe hacer?   (Impersonal **se**)

Escribe por lo menos seis oraciones con recomendaciones sobre los derechos humanos, el racismo o la discriminación. Usa el **se** impersonal.

MODELOS: **Se necesita** vigilar las prácticas de dar empleo para evitar la discriminación.

No **se debe** juzgar a la gente por su raza.

1. _____
_____

2. _____
_____

3. _____
_____

4. _____
_____

5. _____
_____

6. _____
_____

7. _____
_____

8. _____
_____

ACTIVIDAD E   ¿Cómo se hace... ?   (Impersonal **se**)

Responde a las siguientes preguntas con una descripción de cómo se llevan a cabo estas acciones. Usa el **se** impersonal.

MODELO: ¿Cómo se prepara tu plato favorito? →
Para preparar mi plato favorito, se corta cebolla y chiles en pedacitos pequeños.
Luego, se mezcla la cebolla y chiles con puré de aguacate. Entonces, se le añade sal y…

1. ¿Cómo se prepara tu plato favorito?

_____
_____
_____
_____

2. ¿Cómo se juega tu deporte favorito?

_____
_____
_____
_____

3. ¿Cómo se llega a tu casa desde la universidad donde estudias?

    _____

    _____

    _____

    _____

4. ¿Cómo se estudia para un examen de español?

    _____

    _____

    _____

    _____

LECCIÓN 19
LITERATURA Y ARTE

LITERATURA
• •

Vocabulario útil

CONSEJO PRÁCTICO

You will come across a great many words in the story "Una carta de familia" that you already know. You will also come across unfamiliar words. The following vocabulary list and exercises are meant to help you through the reading. Don't worry about incorporating this vocabulary into your daily speech.

VERBOS
ametrallar   to gun down
suplicar   to beseech, beg
toser   to cough

SUSTANTIVOS
el aprendiz   apprentice
la célula   underground group of guerrilla fighters
la guerrilla   guerrilla activity against the government
la huelga   strike, work stoppage to protest government action
el juzgado   court
el pulmón   lung
el reposo   rest, recuperation
la sastrería   tailor shop
el tachón   cross-out marks
el taller   workshop

ADJETIVO
atento/a   attentive, polite

EXPRESIONES
a propósito   by the way
hacerse una piedra en la garganta   to get a lump in one's throat

Ejercicios escritos

*EJERCICIO 1   Definiciones
Escucha la definición o descripción e indica la palabra del grupo que se describe.

1.	a. el aprendiz	b. el reposo	c. la huelga
2.	a. la célula	b. la sastrería	c. el taller
3.	a. la huelga	b. la vista	c. el tachón
4.	a. el tachón	b. el taller	c. la piedra
5.	a. el juzgado	b. la célula	c. el aprendiz
6.	a. suplicar	b. atento	c. ametrallar
7.	a. el reposo	b. ametrallar	c. la célula
8.	a. toser	b. saberse	c. suplicar

EJERCICIO 2   Palabras clave
Escribe dos palabras clave que te ayudarán a recordar las siguientes palabras de la lista de vocabulario.

1. el aprendiz _____   _____
2. la guerrilla _____   _____
3. el pulmón _____   _____
4. el tachón _____   _____
5. toser _____   _____
6. suplicar _____   _____
7. la huelga _____   _____
8. el reposo _____   _____

*EJERCICIO 3   Asociaciones
Escribe todas las palabras y expresiones de la lista de vocabulario que asocias con los conceptos o ideas a continuación. Después, compara tu lista con la de un compañero / una compañera y también con las respuestas sugeridas en la clave de respuestas al final de este *Manual*.

1. el cuerpo humano _____
2. el trabajo _____
3. el estudio _____
4. el sufrimiento _____

Segunda exploración

*ACTIVIDAD A   Escuchar y leer
Paso 1 Ya que has hecho las actividades de Primera exploración, debes escuchar la lectura de este cuento antes de continuar con las actividades de Segunda exploración.

Sugerencias

- Repasa las actividades de Primera exploración antes de escuchar el cuento.
- Lee el cuento en tu libro de texto mientras lo escuchas.

Paso 2   Después de escuchar el cuento, sigue con las actividades de Segunda exploración.

ACTIVIDAD B   ¿Por qué espera?

Carlota espera seis veces mientras escribe la carta. Las siguientes oraciones preceden las pausas en escribir la carta. Tomando en cuenta la censura, escribe lo que probablemente estaba pensando Carlota al escribir estas oraciones.

«La situación es normal, todo el mundo está tranquilo en su trabajo, y el gobierno tiene el apoyo

del pueblo». _____

_____

_____

_____

«Todo eso se supo en el juzgado ». _____

_____

_____

_____

«Allí tienen una escuela y un parque, y hasta un televisor en el parque». _____

_____

_____

_____

«Yo creo que es cierto, y por eso no está bien lo que declaraste en los periódicos de allí». ___

_____

_____

_____

«Ya casi no echa sangre, sólo cuando tose fuerte». _____

_____

_____

_____

«Fijate que ya ni censura hay, por eso te escribo todo esto, así que vos podés contestarme, ya ni

cartas me escribís». _____

_____

_____

_____

ACTIVIDAD C Buscar los detalles
Busca en el cuento las oraciones y frases que apoyan las siguientes afirmaciones.

Víctor y Carlota no están en el mismo país.

_____

_____

_____

Carlota y los niños ya no viven en Candelaria.

_____

_____

_____

Víctor fue torturado.

_____

_____

_____

La situación de Carlota es desesperada.

_____

_____

_____

ACTIVIDAD D Leer entre líneas
Paso 1 Lee de nuevo las líneas 17 a 20. En la segunda oración aparece el tachón. ¿A quién se refiere «él» en la frase « ...sin que él... »?

_____

_____

Paso 2 En la línea 11, Carlota empieza a hablar del coronel. En la línea 12, utiliza el pretérito para describir su conversación con el coronel. Pero en la línea 17, utiliza el presente para describir su conversación con él. ¿Qué refleja el cambio de tiempo verbal?

_____

_____

Paso 3 La última oración del cuento es «Le quitaron la hoja de papel.» La forma del verbo es la tercera persona del plural. ¿Quiénes serán las personas que le quitaron la hoja de papel?

_____

_____

ACTIVIDAD E Tu opinión
Indica si estás de acuerdo o no con las siguientes afirmaciones. Explica tu reacción a cada una citando información específica del texto.

1. Alguien le está dictando la carta a Carlota.

_____

_____

_____

2. Han arrestado a Carlota. Está escribiendo la carta en la cárcel.

_____

_____

_____

3. Al padre de Carlota le quitaron el trabajo para que sufriera más, no porque tuviera algo en la vista.

_____

_____

_____

4. Si Víctor volviera a su país, el coronel cumpliría con la promesa de conseguirle otra vez su trabajo en el taller.

_____

_____

_____

5. Carlota exagera los problemas que tiene con el hijo, Arturo.

_____

_____

_____

6. El gobierno del país de Víctor y Carlota no es muy popular.

_____

_____

_____

ACTIVIDAD F   Escuchar de nuevo

Ahora que has hecho los ejercicios sobre la lectura, escucha una vez más el cuento. Esta vez no te preocupes de nada: escúchalo sólo por el placer de oírlo y apreciar lo que logró Álvaro Menéndez Leal al escribirlo.

LECCIÓN 20

RESUMEN Y REPASO

RESUMEN LÉXICO

La libertad

VERBO	los derechos	los privilegios
luchar	la igualdad	la tiranía
	la independencia	
SUSTANTIVOS	la libertad	
el bien común	las manifestaciones políticas	

La censura

VERBOS	reprobar	la libertad de prensa
autorizar		los principios morales
denunciar	SUSTANTIVOS	los principios religiosos
difundir opiniones	la desnudez	los principios sociales
negarse a	la libertad de expresión artística	
regir	la libertad de palabra	

La iglesia y la política

VERBOS	SUSTANTIVOS	los delitos	la herejía
acusar	la brujería	el Estado	la Iglesia
suprimir	el concubinato	el fanatismo	el inquisidor

El sexismo

VERBOS	SUSTANTIVOS	la desigualdad
discriminar	la actitud discriminatoria	el heterosexualismo
ofender	el acto discriminatorio	la inclinación sexual

El racismo

VERBOS
cesar
controlar
despreciar
dominar
oponerse a
segregar

SUSTANTIVOS
el linaje
los mulatos
el racismo
la raza

Los derechos humanos

VERBOS
desprestigiar
fusilar
indignar
repugnar
soportar

SUSTANTIVOS
la aversión
los crímenes por el odio
el genocidio
la homofobia
la intolerancia

la marginación
la repugnancia

RESUMEN GRAMATICAL

REVIEW OF THE CONDITIONAL   (Lección 17)

A. Forms

Review the forms of the conditional in **Lección 14.**

B. Functions

1. To express hypothetical action or situations that correspond to the meaning of the word *would* in English

2. To refer to the future from a past point of reference

3. To express possibility or probability in the past

4. To express politeness or deference

REVIEW OF THE SUBJUNCTIVE IN ADJECTIVAL CLAUSES   (Lección 17)

A. Forms

Review the forms of the present subjunctive and the past subjunctive in **Lección 16.**

B. Functions

The subjunctive is used in subordinate adjective clauses that describe nonexistent or indefinite antecedents.

REVIEW OF PRETERITE AND IMPERFECT   (Lección 17)

A. Forms of the Preterite

Review the forms of the preterite in **Lección 17.**

B. Functions of the Preterite

To express completed action in the past. Emphasis is on the beginning or end of the action or on the action having been completed.

C. Forms of the Imperfect

Review the forms of the imperfect in **Lección 17.**

D. Functions of the Imperfect

1. To express repeated or habitual actions or situations in the past

2. To express mental, emotional, or physical states or to describe physical appearance in the past

3. To describe background circumstances in the past, including age, time, and weather

4. To express two or more events simultaneously in progress in the past

REVIEW OF THE SUBJUNCTIVE IN NOUN CLAUSES   (Lección 18)

A. Forms

Review the forms of the present subjunctive and the past subjunctive in **Lección 16.**

B. Functions

When a main verb expresses volition, the verb in the subordinate noun clause is in the subjunctive.

VERBS THAT TAKE SPECIFIC PREPOSITIONS   (Lección 18)

a	de	en	con
aprender a	acabar de	consentir en	casarse con
ayudar a	acordarse de	consistir en	contar con
comenzar a	alegrarse de	insistir en	divertirse con
detenerse a	dejar de	pensar en	soñar con
negarse a	gozar de	quedar en	
oponerse a	olvidarse de	tardar en	
volver a	quejarse de		
	tratar de		

REVIEW OF THE IMPERSONAL AND PASSIVE **se**   (Lección 18)

I.   The Impersonal se

A. Forms

Review the form of the impersonal **se** in **Lección 18.**

B. Functions

The impersonal **se** expresses subjects that English would express with *one, you, people* (in general), or *they*. It indicates that people are involved in the action of the verb, but no specific individual is identified as performing the action.

II. The Passive **se**

A. Forms

Review the form of the impersonal **se** in **Lección 18.**

B. Functions

The passive **se** indicates that an action is being done to something but the agent is either unknown or unimportant.

Repaso de las lecciones previas

REPASO A   Letreros   (**se** impersonal)
Un uso típico del **se** impersonal es en los letreros y carteles. Inventa seis letreros para tu casa u oficina que reflejan tus gustos o disgustos.

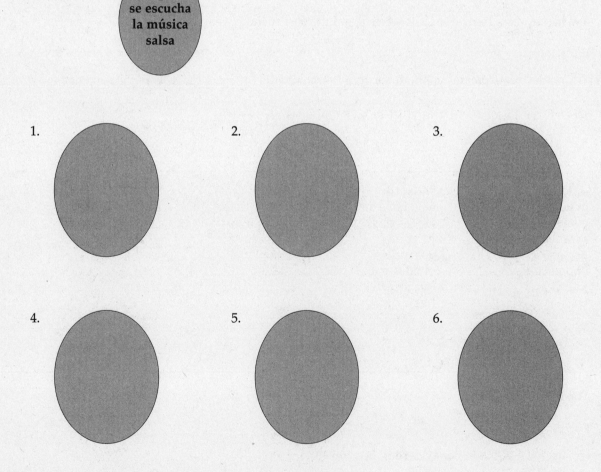

MODELO: **Aquí se escucha la música salsa**

1.

2.

3.

4.

5.

6.

REPASO B   Asuntos importantes   (Mandatos formales)
En tu opinión, ¿cuáles son los ocho asuntos más importantes en el mundo actual? Escribe una lista de ocho mandatos formales diciéndole al jefe de las Naciones Unidas lo que debe hacer y lo que no debe hacer.

MODELO: *No permita* la persecución de los grupos minoritarios.

1. _____

_____

2. _____

_____

3. _____

_____

4. _____

_____

5. _____

_____

6. _____

_____

7. _____

_____

8. _____

_____

REPASO C   El pueblo o la ciudad ideal   (Subjuntivo en cláusulas adjetivales)
¿Cómo sería tu pueblo o ciudad ideal? ¿Qué características tendría? Termina cada oración describiendo las varias partes del pueblo. Inventa dos cosas que son importantes para ti en los números 9 y 10.

MODELO: En mi pueblo ideal quiero barrios *que integren a todas las razas humanas.*

En mi pueblo/ciudad ideal quiero…

1. una biblioteca que _____

_____

2. un alcalde que _____

_____

3. un policía que _____

_____

4. escuelas que _____

_____

5. ciudadanos que _____

_____

6. parques que _____

_____

7. un sistema de comercio que _____

_____

8. tiendas que _____

_____

9. _____

_____

10. _____

_____

REPASO D   ¿Qué harías?   (Condicional y pasado de subjuntivo)
En esta unidad estudiaste la libertad y la falta de libertad. ¿Qué harías si te encontraras en el caso de que alguien te discriminara por razones religiosas? ¿por motivos raciales? ¿por tu inclinación sexual? ¿por otra razón? Escribe ocho oraciones describiendo lo que harías en diferentes situaciones. Usa el condicional y el pasado de subjuntivo.

MODELO: Si alguien me discriminara por razones religiosas, yo *llamaría* a la American Civil Liberties Union.

_____

_____

_____

_____

_____

_____

_____

_____

_____

_____

_____

_____

_____

REPASO E   Las recomendaciones   (Subjuntivo en cláusulas nominales)
Escoge uno o más de los temas de esta unidad y escribe ocho recomendaciones para evitar los problemas asociados con cada uno. Los temas son: la libertad, la censura, la iglesia y la política, el sexismo, el racismo y los derechos humanos. Usa una de las expresiones a continuación para empezar cada oración. Usa el subjuntivo en las cláusulas subordinadas.

deseo que	prefiero que	recomiendo que
espero que	quiero que	sugiero que
insisto en que	aconsejo que	

_____

_____

_____

_____

_____

_____

_____

_____

_____

_____

REPASO F   Comentarios sobre la libertad y la falta de libertad   (Verbos con preposiciones)
Escribe ocho oraciones con los verbos de la lista haciendo comentarios sobre los temas de esta unidad.
Los temas son: la libertad, la censura, la iglesia y la política, el sexismo, el racismo y los derechos
humanos.

aprender a	acabar de	consentir en	casarse con
apresurarse a	acordarse de	consistir en	contar con
ayudar a	alegrarse de	insistir en	divertirse con
comenzar a	cesar de	pensar en	entretenerse con
detenerse a	dejar de	quedar en	soñar con
negarse a	gozar de	tardar en	
oponerse a	olvidarse de		
volver a	quejarse de		
	tratar de		

_____

_____

_____

_____

_____

_____

_____

_____

UNIDAD 5

LA LIBERTAD Y LA FALTA DE LIBERTAD

EXAMEN DE PRÁCTICA
• •

Puntos ganados = _____

Total posible = 77

I. Vocabulario (30 puntos)

A. Definiciones. Escucha la definición y luego escribe su número al lado de la palabra o frase apropiada. (10 puntos)

a. _____ bien común

b. _____ desigualdad

c. _____ despreciar

d. _____ difundir opiniones

e. _____ fusilar

f. _____ herejía

g. _____ heterosexualismo

h. _____ regir

i. _____ soportar

j. _____ suprimir

B. Asociaciones. Empareja la palabra de la columna A con la palabra de la columna B con la cual se asocia lógicamente. (10 puntos)

A

1. _____ autorizar

2. _____ aversión

3. _____ delito

4. _____ Estado

5. _____ independencia

6. _____ indignar

7. _____ luchar

8. _____ ofender

9. _____ reprobar

10. _____ segregar

B

a. usar fuerzas para vencer
b. autonomía
c. censurar
d. aprobar
e. crimen
f. nación, gobierno
g. herir los sentimientos
h. dar trato de inferioridad a parte de la población
i. sentir enfado por una cosa injusta
j. antipatía, animosidad

C. Más definiciones. Escribe la letra de la palabra que se define. (10 puntos)

1. _____ conjunto de los principios y leyes a que están sometidas las relaciones humanas en toda sociedad civil

2. _____ facultad del ser humano para elegir su propia línea de conducta y ser responsable de ella

3. _____ acusar ante las autoridades

4. _____ normas de conducta basadas en la clasificación de los actos humanos en buenos y malos

5. _____ apasionamiento excesivo o intolerante con que una persona defiende creencias religiosas o políticas

6. _____ propensión, tanto física como emotiva, de una persona hacia personas de un sexo determinado

7. _____ teoría que sostiene la superioridad de ciertas razas y la inferioridad de otras

8. _____ sujetar; reprimir

9. _____ exterminio o eliminación sistemática de un grupo social

10. _____ oido, hostilidad o desprecio hacia los homosexuales

a. denunciar
b. derechos
c. dominar
d. fanatismo
e. genocidio
f. homofobia
g. inclinación sexual
h. libertad
i. principios morales
j. racismo

II. Gramática (21 puntos)

A. Repaso del condicional. Lee cada oración. Luego, en el primer espacio en blanco, indica el sujeto de la oración. Debes escoger entre las cuatro opciones dadas a continuación. Luego, en el segundo espacio en blanco, conjuga el verbo en la forma apropiada del condicional. (3 puntos)

    a. yo   c. un amigo (una amiga)
    b. mis amigos   d. algunos miembros de mi familia

1. _____ _____ (contribuir) con dinero a una organización política.

2. _____ _____ (participar) en una marcha de protesta.

3. _____ _____ (arriesgar) la vida por un causa.

B. Repaso del subjuntivo en cláusulas adjetivales. Conjuga el verbo en la forma apropiada. Luego, indica si estás de acuerdo o no con lo que se expresa. (3 puntos: 1 punto por cada verbo y ½ punto por tu opinión)

	ESTOY DE ACUERDO.	NO ESTOY DE ACUERDO.
1. No hay ninguna razón que _____ (justificar) el genocidio.	☐	☐
2. No hay ningún presidente que _____ (tener) el derecho de no decir la verdad acerca de sus aventuras extramatrimoniales.	☐	☐

C. Repaso del pretérito e imperfecto. Escoge la forma apropiada de cada verbo. (2 puntos: $\frac{1}{2}$ por cada verbo)

1. La Inquisición y la Inquisición española (duraron/duraban) aproximadamente cinco siglos.

2. Durante la época de la Inquisición, (se denunciaron/se denunciaban) la homosexualidad, la bigamia, y el concubinato de los clérigos.

3. En la Edad Media no (se admitió/se admitía) división entre el Estado, la Iglesia y la sociedad.

4. Se calcula que unas dos mil personas (fueron/eran) condenadas a muerte durante el dominio de Tomás de Torquemada.

D. Repaso del subjuntivo en cláusulas nominales. Conjuga el verbo en la forma apropiada. Luego, indica si estás de acuerdo o no con lo que se expresa. (6 puntos: 1 punto por cada verbo y $\frac{1}{2}$ punto por tu opinión)

	SÍ	NO
1. Recomiendo que los homosexuales _____ (conseguir) los mismos derechos que todos tenemos.	☐	☐
2. Espero que se _____ (prohibir) el aborto.	☐	☐
3. Insisto en que las mujeres soldados _____ (participar) totalmente en las guerras.	☐	☐
4. Deseo que se _____ (eliminar) el sexismo en las escuelas primarias y secundarias.	☐	☐

E. Los verbos y las preposiciones. Escribe la preposición que suele acompañar cada verbo. (4 puntos: $\frac{1}{2}$ punto por cada preposición)

1. aprovechar(se) _____
2. comenzar _____
3. contar _____
4. dejar _____

5. entrar _____
6. olvidar(se) _____
7. oponer(se) _____
8. soñar _____

F. Repaso de *se*. Escribe de nuevo cada oración utilizando **se** en cada una. (3 puntos)

1. Muchos creen que el gobierno mexicano sabe más de lo que admite sobre el asesinato del Dr. Francisco Estrada Valle.

   _____

   _____

   _____

2. En los años 80, varias personas fundaron el Grupo Ave de México dedicado a la prevención del SIDA.

   _____

   _____

   _____

3. Hay derechos básicos de los que todo ser humano debe gozar, pero en varios países la gente no respeta estos derechos.

_____

_____

_____

III. Información en clase (6 puntos)

Conceptos importantes.   Escoge dos de los siguientes conceptos y explica la importancia de cada uno en el contexto en que lo estudiamos en la clase. (6 puntos)

1. la división o la fusión del Estado y la Iglesia

_____

_____

_____

2. los derechos de los homosexuales

_____

_____

_____

3. la Inquisición

_____

_____

_____

4. el sexismo

_____

_____

_____

5. el racismo

_____

_____

_____

6. la censura

_____

_____

_____

ESCALA DE CORRECCIÓN PARA LA SECCIÓN III

3 puntos   La respuesta está correcta e indica que tienes un buen entendimiento del concepto.

2 puntos   La respuesta está incompleta e indica que tienes entendimiento parcial o limitado del concepto.

1 punto   La respuesta está incompleta; no da detalles; da poca información e/o información incorrecta.

0 puntos   La respuesta indica que todavía no entiendes el concepto.

IV. Literatura (20 puntos)

A. Cierto o falso. Indica si las siguientes afirmaciones son ciertas o falsas según el contenido del cuento «Una carta de familia». (10 puntos)

1. _____ Carlota verdaderamente quiere que Víctor vuelva al país.

2. _____ Alguien está dirigiendo la escritura de la carta.

3. _____ El coronel le consiguió a Carlota un apartamento en Candelaria.

4. _____ Raúl, el amigo de Víctor, se suicidó.

5. _____ Los agentes del coronel capturaron a Víctor y lo torturaron.

6. _____ Víctor da entrevistas a los periódicos en el país donde está.

7. _____ Los hijos se llaman Matildita y Arturo.

8. _____ El padre de Carlota le ayudaba a Carlota económicamente.

9. _____ El gobierno ha dejado de censurar.

10. _____ El gobierno tiene el apoyo del pueblo.

B. Citas. Escoge una de las siguientes citas y explica su significado y su importancia en el contexto del cuento. (10 puntos)

1. *«Esperó. Volvió a escribir.»*

_____

_____

_____

_____

2. « ...cuando te capturó la última vez te trató bien, y que la otra vez los agentes te hicieron lo que te hicieron sin que él XXXXX perdoná el tachón, supiera nada, pero que arrestó a los agentes al saberlo.»

_____

_____

_____

_____

_____

_____

3.   *«Le quitaron la hoja de papel.»*

_____

_____

_____

_____

_____

_____

ESCALA DE CORRECCIÓN PARA LA SECCIÓN IV B

10 puntos	Presenta toda la información y está correcta. Indica que tienes un excelente entendimiento del cuento. El ensayo está bien desarrollado.
9 puntos	La respuesta está correcta e indica que tienes un buen entendimiento del cuento. El ensayo está bien desarrollado.
8 puntos	La respuesta está incompleta. Indica que tienes un buen entendimiento del cuento, pero no das suficientes detalles. El ensayo está bien desarrollado.
7 puntos	La respuesta está incompleta e indica que sólo tienes un entendimiento parcial del cuento. El ensayo en general está bien desarrollado.
6 puntos	La respuesta está incompleta e indica que tienes un entendimiento limitado del cuento. El ensayo no está bien desarrollado.
5 puntos	La respuesta está incompleta; no da detalles; da poca información e/o información incorrecta.
0 puntos	La respuesta indica que no entendiste el cuento.

UNIDAD 6

PERSPECTIVAS E IMÁGENES CULTURALES

LECCIÓN 21

IMÁGENES CULTURALES

IDEAS PARA EXPLORAR Ascendencia e identidad
••

Vocabulario del tema

SUSTANTIVOS

el antagonismo   contrariedad, oposición; rivalidad

la ascendencia   conjunto de antepasados (padres y abuelos) de quienes desciende una persona

los ascendientes   antepasados; padre o cualquiera de los abuelos de quien desciende una persona; las personas de una familia que preceden a una persona

las barreras   obstáculos que separan una cosa o persona de otra

la comunidad   congregación de personas que viven unidas y bajo ciertas reglas; conjunto de vecinos

la etnicidad   la raza, pueblo o nación a que pertenece una persona

la identidad   conjunto de características que diferencian a las personas y naciones entre sí

el liderazgo   encontrarse un partido político, nación o comunidad en posición de dirigir; la situación de las personas que influyen en las acciones y decisiones de una comunidad

las rencillas   disputas, desacuerdos

la solidaridad   adhesión a la causa de otros; adhesión a las obligaciones en común

Ejercicios escritos

EJERCICIO 1   Palabras clave

Repasa las definiciones de los siguientes conceptos relacionados con la cultura. Para cada uno, escoge dos palabras o frases clave que te ayudan a recordar su significado.

MODELO: rencillas → a. disputas   b. desacuerdos

1. la ascendencia   a. _____   b. _____

2. la identidad   a. _____   b. _____

3. el liderazgo   a. _____   b. _____

4. la comunidad   a. _____   b. _____

5. las barreras   a. _____   b. _____

6. la solidaridad   a. _____   b. _____

7. la etnicidad   a. _____   b. _____

8. el antagonismo   a. _____   b. _____

9. los ascendientes   a. _____   b. _____

*EJERCICIO 2   Correspondencias

Empareja cada palabra o frase de la columna A con la definición correspondiente de la columna B.

A	B
1. ____ la solidaridad	a. oposición
2. ____ las rencillas	b. la historia de una familia
3. ____ la ascendencia	c. los padres, los abuelos, los bisabuelos
4. ____ el liderazgo	d. impedimentos, obstáculos
5. ____ la identidad	e. conjunto de vecinos
6. ____ el antagonismo	f. raza, pueblo o nación
7. ____ la etnicidad	g. yo soy quien soy; ¿quién eres tú?
8. ____ la comunidad	h. los jefes políticos
9. ____ las barreras	i. disputas, desacuerdos
10. ____ los ascendientes	j. adhesión a las obligaciones en común

*EJERCICIO 3   Empareja la palabra de vocabulario con la palabra que significa lo opuesto.

1. ____ la solidaridad	a. las generaciones que no han nacido todavía
2. ____ las rencillas	b. abrirle el paso a otro; oportunidades
3. ____ la ascendencia	c. subordinados a otra persona
4. ____ el liderazgo	d. apoyo, dedicación
5. ____ el antagonismo	e. rencillas, oposición, división
6. ____ las barreras	f. relaciones amigables

Gramática

*«La cochina más flaca es **la que** quiebra el chiquero.»**

PRONOMINALIZED DEFINITE ARTICLES

A. Forms

Used as pronouns, the definite articles agree in gender and number with the word they refer to. Their forms are the same as when used as definite articles.

    el   los
    la   las

---

*"The least worthy are the ones who bother the most." (Lit: The scrawniest pig is the one that breaks down the pigpen.)

As pronouns, the definite articles occur in the following four sentence patterns.

    a. *article + adjective*

    b. *article +* **de**

    c. *article + relative pronouns* **que, quien(es),** *or* **cual(es)**

    d. *preposition + article + relative pronoun*

B. Functions

To refer to a noun already established (or implied) by the context

a.

¿Qué camisa prefieres? ¿**La** blanca o **la** azul?

Which shirt do you prefer? The white one or the blue one?

Estos melones son deliciosos. **Los** amarillos, especialmente, son muy dulces.

These melons are delicious. The yellow ones are especially sweet.

Los barcos me fascinan. Prefiero **los** grandes, aunque también me gustan **los** pequeños.

Boats fascinate me. I prefer the big ones, although I like the small ones too.

b.

Los chiles son ingredientes esenciales en dos cocinas: en **la de** Asia y, especialmente, en **la de** México.

Chiles are essential ingredients of two cuisines: that of Asia and especially that of Mexico.

Hay varios pueblos que están trabajando por preservar su idioma nativo, como **el de** Galicia, en España, y **el de** Irlanda.

There are several peoples that are working to preserve their native language, such as that of Galicia, in Spain, and that of Ireland.

c.

En este país, los inmigrantes suelen dividirse en dos grupos: el de **los que** viven en su propio barrio y conservan su propia lengua y cultura y el de **los que** se integran a la cultura anglohablante a costa de su cultura original.

In this country, immigrants tend to divide into two groups: those that live in their own neighborhoods and maintain their own language and culture and those that integrate into the English-speaking culture at the cost of their original culture.

Hay personas de todo tipo: **las que** buscan riqueza, **las que** quieren fama y **las que** simplemente desean ser felices.

There are people of all types: those who seek riches, those who want fame, and those who simply want to be happy.

d.

Algunos escritores, **entre los que** se encuentra Ernest Hemingway, vivieron largos años fuera de su país natal.

Some writers, among whom is Ernest Hemingway, lived long periods of time outside their native country.

Hay muchos aparatos electrónicos **con los cuales** uno puede traducir rápidamente palabras y expresiones de un idioma a otro.

There are many electronic gadgets with which you can rapidly translate words and expressions from one language to another.

Ejercicios escritos

*EJERCICIO 1   Assigning Referents to Pronominalized Articles

Circle the noun that each underlined pronominalized article refers to in the following sentences about the Spanish language and speakers of Spanish.

MODELO: El español tiene muchas (variantes) regionales; por ejemplo la del Caribe y la del Uruguay son muy distintas.

1. El español de Latinoamérica se puede dividir en dos zonas dialectales: la de las costas y la de las montañas.

2. Los pronombres en español consisten en varios subsistemas: el de los pronombres personales y el de los complementos directos e indirectos, entre otros.

3. Muchas reglas de la gramática española, entre las cuales se incluyen las de ortografía, son dictadas por la Real Academia.

4. El español, como casi todas las lenguas, está formado por muchas palabras extranjeras, entre las cuales hay muchas que provienen de las ciencias y de los negocios.

5. Los inmigrantes hispanos recién llegados a los Estados Unidos se dividen en cuatro grupos principales: los que vienen de México, los que vienen de Puerto Rico, los que vienen de Cuba y los que vienen de los otros países hispanohablantes.

6. Hay muchas diferencias dialectales del español pero las más evidentes tienen que ver con la pronunciación y el vocabulario.

7. Los suramericanos se distinguen por el pronombre de segunda persona de singular que usan: los que usan el **vos** y los que usan el **tú.**

8. Los mexicanos han adoptado varias palabras inglesas, entre las cuales están el verbo **chequear** y la afirmación **OK.**

9. El latín es la lengua madre del español, por eso su influencia en este idioma es la más importante.

*EJERCICIO 2   Recognizing Pronominalized Articles and Their Referents

Read the following article carefully. Find the pronominalized articles and the nouns they refer back to. Write them in the spaces provided.

PRONOMINALIZED ARTICLE	NOUN REFERENT
1. _____	_____
2. _____	_____
3. _____	_____

¿Qué es la enfermedad del sueño?

Remitida por Christian Bustamante Arizmendi.

Los dos tipos de enfermedad del sueño africana comparten características similares. La gambiense, o enfermedad del sueño de Africa Central, es transmitida por la mosca tsé-tsé, que vive en el agua. La rhodesiense, o del Africa del Este, se transmite por una especie de mosca tsé-tsé de los bosques, la cual utiliza a los antílopes de reservorio. Los síntomas de esta infección tripanosómica son, describe la enciclopedia *Medicina y salud,* los siguientes: «Una pequeña área inflamada, llamada chancro, aparece en el lugar de la inoculación unos dos días después. Posteriormente comienza la fiebre alta con temperaturas hasta de 42°C durante varios meses. Los episodios de fiebre pueden estar acompañados de erupciones cutáneas, dolores intensos de cabeza y palpitaciones cardíacas. Hay pérdida de peso y del apetito, temblores y palpitaciones, insomnio y dificultad al hablar y al andar.» Los protozoos, al fin, invaden el sistema nervioso central y producen coma y muerte.

La enfermedad del sueño es endémica de las regiones tropicales de Africa.

Existen varios agentes quimioterapéuticos para el tratamiento de ambos tipos de la enfermedad como la suramina, la pentamidina y la triparsamida, además de una buena alimentación y descanso.

Actividades optativas de vocabulario y gramática

ACTIVIDAD A   Por ejemplo
Da dos clases de ejemplos relacionados con cada uno de los siguientes conceptos. Uno de los ejemplos debe ser de tu experiencia personal. El otro ejemplo debe referirse a la sociedad o al país en general.

1. la comunidad

   ejemplo personal: _____

   _____

   ejemplo relativo al país: _____

   _____

2. el antagonismo

    ejemplo personal: _____

    _____

    ejemplo relativo al país: _____

    _____

3. la identidad

    ejemplo personal: _____

    _____

    ejemplo relativo al país: _____

    _____

4. las rencillas

    ejemplo personal: _____

    _____

    ejemplo relativo al país: _____

    _____

5. el liderazgo

    ejemplo personal: _____

    _____

    ejemplo relativo al país: _____

    _____

6. las barreras

    ejemplo personal: _____

    _____

    ejemplo relativo al país: _____

    _____

7. la solidaridad

    ejemplo personal: _____

    _____

    ejemplo relativo al país: _____

    _____

ACTIVIDAD B   Correspondencias
Explica las posibles correspondencias entre cada par de ideas. Puedes basarte en tu propia experiencia o en la de tus amigos y familia.

1. la ascendencia y la comunidad

    _____

    _____

    _____

2. la etnicidad y la solidaridad

    _____

    _____

    _____

3. las barreras y el antagonismo

    _____

    _____

    _____

4. la solidaridad y la comunidad

    _____

    _____

    _____

5. las rencillas y la solidaridad

    _____

    _____

    _____

6. la identidad y los acendientes

    _____

    _____

    _____

7. la identidad y la comunidad

    _____

    _____

    _____

8. la identidad y la etnicidad

    _____

    _____

    _____

ACTIVIDAD C ¿Qué cursos se ofrecen?

Paso 1 Consigue el catálogo de cursos donde aparecen las descripciones de los cursos y programas de tu universidad y busca cursos que traten de los siguientes temas. Trata de encontrar, para cada tema, dos cursos que se ofrecen en diferentes departamentos. Además de dar el título del curso, apunta cómo se tratan los temas. (Debes escribir en español.)

1. la ascendencia

   _____
   _____
   _____

2. la identidad

   _____
   _____
   _____

3. la etnicidad

   _____
   _____
   _____

4. el liderazgo

   _____
   _____
   _____

5. la comunidad

   _____
   _____
   _____

Paso 2 Ahora que ya has examinado el catálogo de cursos, indica, entre los cursos que has identificado, tres en los cuales quisieras matricularte. Da tus razones.

_____
_____
_____
_____

ACTIVIDAD D Expansión léxica

Busca en el diccionario las otras formas de las siguientes palabras.

v. = verbo   **s.** = sustantivo   **adj.** = adjetivo

1. etnicidad   adj. _____

2. antagonismo   v. _____

                     s. _____

                     adj. _____

3. solidaridad   adj. _____

4. liderazgo   s. _____

5. identidad   v. _____

                     s. _____

                     adj. _____

6. barrera   v. _____

                     adj. _____

7. ascendencia   v. _____

                     adj. _____

ACTIVIDAD E   La categorización de la vida   (Pronominalized Definite Articles)
Usando los modelos a continuación, escribe oraciones según tu propia perspectiva. Usa artículos pronominalizados en cada oración.

1. la vida (etapas)
2. mis amigos (grupos)
3. mis cursos (tipos)
4. los miembros de mi familia (clases según su personalidad)
5. la música que me gusta (categorías)

MODELOS: Mi vida se puede dividir en *tres* etapas: ***la** de niño,* ***la** de estudiante y* ***la** de profesional.*

Mis amigos se pueden dividir en *dos* grupos: ***los** que conozco desde hace muchos años y **los** que conozco desde hace poco tiempo.*

1. Mi vida se puede dividir en _____ etapas: _____

_____

_____

2. Mis amigos se pueden dividir en _____ grupos: _____

_____

_____

3. Mis cursos se pueden dividir en _____ tipos: _____

_____

_____

4. Los miembros de mi familia se pueden dividir en _____ clases según su personalidad:

_____

_____

5. La música que me gusta se puede dividir en _____ categorías: _____

_____

_____

IDEAS PARA EXPLORAR Los estereotipos

Vocabulario del tema

VERBOS

confrontar mirar con fortaleza alguna dificultad o peligro que se presenta delante
estereotipar desarrollar una idea fija e invariable de un grupo de personas con el resultado de que el individuo no tiene características propias sino sólo las del grupo
perpetuar perdurar, continuar; dar a las cosas una larga duración
reír hacer burla; manifestar alegría

SUSTANTIVO

el estereotipo imagen exagerada, fija e invariable basada en ciertas características; idea preconcebida u opinión típicamente simplificada acerca de algún grupo de personas o cosas

ADJETIVOS

dañino/a que causa daño, perjuicio, lástima
humorístico/a agradable, gracioso/a; que causa alegría
odioso/a repugnante, antipático/a
perspicaz que tiene entendimiento agudo y penetrante

Ejercicios escritos

EJERCICIO 1 Palabras clave
Repasa las definiciones de las siguientes palabras relacionadas con los estereotipos. Para cada una, escoge dos palabras o frases clave que te ayudan a recordar su significado.

MODELO: el estereotipo → a. exageración b. opinión

1. reír a. _____ b. _____

2. estereotipar a. _____ b. _____

3. confrontar a. _____ b. _____

4. dañino/a a. _____ b. _____

5. odioso/a a. _____ b. _____

6. perpetuar a. _____ b. _____

7. perspicaz a. _____ b. _____

*EJERCICIO 2   Asociaciones

Empareja cada palabra de la columna A con la definición correspondiente de la columna B.

A

1. _____ dañino/a
2. _____ perpetuar
3. _____ estereotipo
4. _____ odioso/a
5. _____ reír
6. _____ confrontar
7. _____ perspicaz
8. _____ estereotipar
9. _____ humorístico

B

a. hacer un ruido de alegría
b. negar las características individuales
c. que causa perjuicio
d. enfrentarse con fortaleza a alguna dificultad
e. gracioso
f. dar a las cosas una larga duración
g. que tiene entendimiento agudo y penetrante
h. desarrollar opinión simplificada
i. repugnante

*EJERCICIO 3   Antónimos

Escoge la palabra cuyo significado no se relaciona con los significados de las otras palabras.

1. humorístico/a   a. reír   b. alegría   c. llorar
2. dañino/a   a. ayuda   b. perjuicio   c. dolor
3. confrontar   a. dificultad   b. rectitud   c. esconder
4. perpetuar   a. terminar   b. durar   c. perdurar
5. odioso/a   a. repugnante   b. amoroso/a   c. antipático/a

Gramática

*«Quien bien te quiere, te hará llorar.»**

REVIEW OF OBJECT PRONOUNS

A. Forms

1. Direct Object Pronouns

me	me	nos	us
te	you (s. fam.)	os	you (pl. fam.)
lo	him/it/you (s. pol. m.)	los	them (m. or m. and f.) / you (pl. pol. m. or m. and f.)
la	her/it/you (s. pol. f.)	las	them (f.) / you (pl. pol. f.)

Direct object pronouns agree in gender, number, and person with the direct object noun they replace. They are placed before a conjugated verb and may be attached to the end of an infinitive or present participle. They always come before a negative command and they must be attached to the end of an affirmative command.

_____
*"Whoever loves you well will make you cry."

¿Escribió Elena **el trabajo** para la clase de español?	*Did Elena write the paper for Spanish class?*
Lo escribió ayer.	*She wrote it yesterday.*
Lo va a escribir mañana. (Va a escribir**lo** mañana.)	*She is going to write it tomorrow.*
Lo está escribiendo ahora. (Está escribiéndo**lo** ahora.)	*She is writing it now.*
No **lo** escribas.	*Don't write it.*
Escríbe**lo**.	*Write it.*

2. Indirect Object Pronouns

me	*to/for me*	nos	*to/for us*
te	*to/for you (s. fam.)*	os	*to/for you (pl. fam. Sp.)*
le	*to/for him/her/it/you (s. pol.)*	les	*to/for them/you (pl. pol.)*

Indirect object pronouns agree in number and person with the object noun they replace. They are placed before a conjugated verb and may be attached to the end of an infinitive or present participle. They always come before a negative command and they must be attached to the end of an affirmative command.

¿Ya **le** contaste la historia **a Pablo**?	*Did you tell the story to Pablo yet?*
Le conté la historia ayer.	*I told him the story yesterday.*
Le voy a contar la historia mañana. (Voy a contar**le** la historia mañana.)	*I'm going to tell him the story tomorrow.*
Le estoy contando la historia ahora. (Estoy contándo**le** la historia ahora.)	*I'm telling him the story now.*
No **le** cuentes la historia.	*Don't tell him the story.*
Cuénta**le** la historia.	*Tell him the story.*

3. Using direct and indirect object pronouns together

Indirect object pronouns always precede direct object pronouns when they are used together. The indirect object pronouns **le** and **les** become **se** when used in combination with a direct object pronoun that begins with the letter **l** (**lo, la, los, las**).

—¿Dónde conseguiste ese disco compacto?	*Where did you get that CD?*
—Pilar **me lo** regaló.	*Pilar gave it to me (as a gift).*
—¿Quién **les** dio esa mesa a Lidia y Fernando?	*Who gave that table to Lidia and Fernando?*
—Enrique **se la** dio.	*Enrique gave it to them.*

B. Functions

1. Direct objects indicate who or what received the action of a verb. Direct object pronouns replace a direct object noun that has already been referred to. They may also serve as the only reference to an object, especially when referring to people if the reference is clear from context (for example, with **me, te, os,** and **nos**). The direct obejct pronoun **lo** may be used to replace an entire phrase.

2. Indirect object pronouns indicate to whom or for whom the action of the verb takes place. Unlike direct object pronouns, the use of indirect object pronouns is obligatory even when the object is specified in the same sentence. Indirect object pronouns can also express *on* or *from* (something or someone).

Ejercicios escritos

*EJERCICIO 1   Using Direct Object Pronouns
Answer each of the following questions related to your Spanish class truthfully, using the appropriate direct object pronoun. **¡OJO!** Don't forget that an entire noun clause can be replaced by **lo** if the clause is the object of the verb.

MODELOS: ¿Vas a estudiar español este fin de semana? →
—No, no voy a estudiar**lo**. (No, no **lo** voy a estudiar.)

¿Sabías que Asunción es la capital de Paraguay? →
—Sí, **lo** sabía.

1. ¿Usan mucho Uds. el libro de texto en la clase?

_____

2. ¿Conoces bien al profesor / a la profesora de español?

_____

3. ¿Ves a tus compañeros de clase en otros lugares?

_____

4. ¿Invitarías a tus compañeros de clase a tu casa?

_____

5. ¿Te saludan en español tus compañeros de clase?

_____

6. ¿Sabías que el español tiene más de doce formas verbales distintas?

_____

7. ¿Escuchas el programa de audio del laboratorio con frecuencia?

_____

8. ¿Sabes conjugar los verbos en el pasado del subjuntivo?

_____

9. ¿Vas a continuar estudiando español el año que viene?

_____

10. ¿Lees todas las explicaciones gramaticales en este *Manual*?

_____

*EJERCICIO 2   Using Indirect Object Pronouns

Truthfully answer the following questions about yourself and people you know, using the appropriate indirect object pronoun.

MODELO: ¿Les da a Uds. mucha tarea el profesor? →
Sí **nos** da mucha tarea.

1. ¿Te dan muchos regalos tus padres?

_____

2. ¿Siempre les dices la verdad a tus amigos?

_____

3. ¿Te molesta hacer estos ejercicios?

_____

4. ¿Cómo les explica a Uds. las actividades el profesor / la profesora de español —en español o en inglés?

_____

5. ¿Le haces muchas preguntas al profesor / a la profesora de español?

_____

6. ¿Les pides muchos favores a tus amigos?

_____

7. ¿Te interesan las películas y la música en español?

_____

8. ¿Les prestas dinero a tus amigos?

_____

9. ¿Les cuenta a Uds. chistes (*jokes*) en español el profesor / la profesora de español?

_____

10. ¿Qué cosa te da mucho miedo?

_____

*EJERCICIO 3   More Object Pronouns

Find the examples of object pronouns in the following advertisements. What does each pronoun refer to?

Yo no soy un estereotipo.

los sueños de mis hijos
los siento míos.
tengo fe en el futuro.
amo a los bebés
y a los cachorros.
heredé más de mi madre
que sus facciones.
me miro en el espejo
y veo fortaleza.
valoro la tradición.
no me ignores
porque te puedo sorprender,
y lo haré.
cree en mí...
y confiaré en ti.

Confía.

Ford Motor Company,

www.ford.com

1. En el anuncio de Ford, **me** se refiere a...
   a. la compañía Ford.
   b. la mujer en la fotografía o la persona que escribe el anuncio.
   c. la persona que lee el anuncio.

2. En el anuncio de Ford, **te** se refiere a...
   a. la compañía Ford.
   b. la persona que escribe el anuncio.
   c. la persona que lee el anuncio.

3. En el anuncio de Ford, **lo** se refiere a...
   a. que los coches Ford lo sorprenderán a uno.
   b. que la mujer en la fotografía o la persona que escribe el anuncio lo sorprenderá a uno.
   c. que la persona que lee el anuncio puede sorprenderlo a uno.

4. En el anuncio de Chef Merito, **lo** se refiere a...
   a. Ud.
   b. Chef Merito.
   c. el pollo, la carne o el pescado.

5. En el anuncio de Total, **la** se refiere a...
   a. usted, la lectora del anuncio.
   b. el cereal Total.
   c. la buena nutrición.

6. En el anuncio de Electropura, **la** (**tómala**) se refiere a...
   a. la botella.
   b. el agua Electropura.
   c. la bicicleta.

7. En el anuncio de Electropura, **la** (**vívela**) se refiere a...
   a. la vida.
   b. la botella.
   c. la bicicleta.

8. En el anuncio de Gatorade, **lo** (**Escúchalo**) se refiere a...
   a. un lenguaje.
   b. Gatorade.
   c. tu cuerpo.

Total contiene 100% de 10 vitaminas y minerales

Aparte de ser **el único cereal líder** con 100% de 10 vitaminas y minerales, Total está hecho de **trigo entero**, un grano realmente sano. Además, es una **excelente fuente de calcio***.

Así que pruebe un plato, y verá que cuando se trata de la buena nutrición, Total la dejará 100% satisfecha.

Total®. Nutrición Total™.

* 25% del valor diario.

Actividades optativas de vocabulario y gramática

ACTIVIDAD A   Tus experiencias
Describe algunas de tus experiencias con relación a los siguientes conceptos.

> MODELO: un símbolo que asocias con algo personal →
> Tengo una pequeña estatua mexicana de una calavera sentada ante una máquina de escribir. Este símbolo me recuerda que todos somos mortales y que ninguna de nuestras preocupaciones es tan importante como lo que creemos.

1.   un estereotipo dañino que te afecta personalmente

_____

_____

_____

2.   una situación humorística

_____

_____

_____

3.   algo que encuentras odioso

_____

_____

_____

4.   un estereotipo dañino (que ocasiona daño material o moral)

_____

_____

_____

5.   una observación tuya muy perspicaz

_____

_____

_____

ACTIVIDAD B   ¿Qué opinas?
Indica si estás de acuerdo o no con las ideas expresadas en cada oración. Luego, explica tus razones.

1.   El empleo de indios americanos como símbolos y mascotas de una universidad perpetúa estereotipos dañinos.

_____

_____

_____

2. La imagen de la mujer virginal es odiosa pues dificulta que las mujeres sean tratadas como individuos.

_____

_____

_____

3. Es difícil confrontar a nuestros amigos que estereotipan a otras personas.

_____

_____

_____

4. Los estereotipos humorísticos no dañan a las personas estereotipadas.

_____

_____

_____

5. La gente no perpetúa los estereotipos humorísticos, sino los más dañinos y odiosos.

_____

_____

_____

ACTIVIDAD C   Expansión léxica

Busca en el diccionario las otras formas de las siguientes palabras.

v. = verbo   **s.** = sustantivo   **adj.** = adjetivo

1. estereotipo   v. _____

adj. _____

2. confrontar   s. _____

adj. _____

3. perpetuar   s. _____

adj. _____

4. reír   s. _____

5. dañino/a   v. _____

s. _____

6. humorístico/a   s. _____

7. odioso/a   v. _____

s. _____

8. perspicaz   s. _____

ACTIVIDAD D   Los estereotipos   (Indirect Object Pronouns)

En la clase, tú y tus compañeros de clase hablaron de los estereotipos de varios grupos culturales. Expresa tu opinión sobre los estereotipos a continuación. Escribe una oración completa con un pronombre de complemento indirecto para cada persona mencionada. Usa tantos verbos distintos como puedas, de la lista u otros que conoces.

indignar	interesar	inquietar
repugnar	gustar	escandalizar
dar asco	molestar	irritar
sorprender	encantar	parecer

MODELO: Los irlandeses son unos borrachos. A mí →
Me indigna la idea de que los irlandeses sean considerados como unos borrachos.

1.   Los deportistas estudiantiles no son inteligentes.

A mí: _____

_____

A mi amigo/a: _____

_____

A mis compañeros de clase: _____

_____

2.   Los judíos son ricos y arrogantes.

A mí: _____

_____

A mi amigo/a: _____

_____

A mis compañeros de clase: _____

_____

3.   Los homosexuales son promíscuos.

A mí: _____

_____

A mi amigo/a: _____

_____

A mis compañeros de clase: _____

_____

4. Los mexicoamericanos son perezosos y violentos.

   A mí: _____

   _____

   A mi amigo/a: _____

   _____

   A mis compañeros de clase: _____

   _____

5. Las socias de las *sororities* son egoístas.

   A mí: _____

   _____

   A mi amigo/a: _____

   _____

   A mis compañeros de clase: _____

   _____

ACTIVIDAD E   Más estereotipos   (Object Pronouns)

En la clase, tú y tus compañeros de clase hablaron de varios estereotipos. Escoge dos de los estereotipos mencionados en la clase y clasifícalos en una de las categorías a continuación. Luego, explica en un párrafo de por lo menos cuatro oraciones, el por qué de tu clasificación. Usa los complementos de objeto directo o indirecto cuando sea necesario.

falso	verdadero
dañino	inofensivo
odioso	divertido
cruel	humorístico
perjudicial	perspicaz

Estereotipo 1

_____

_____

_____

_____

Estereotipo 2

_____

_____

_____

_____

Vocabulario del tema

VERBOS

atribuir aplicar, a veces por conjetura, hechos o cualidades a alguna persona o cosa

captar percibir el significado o sentido de una cosa; atraer y retener la atención

caracterizar determinar las cualidades específicas de una persona o cosa; distinguir a una persona o cosa de las demás

encarnar personificar, representar alguna idea o algún concepto abstracto

representar hacer presente una cosa en la imaginación por medio de palabras o figuras

simbolizar servir una cosa como símbolo de otra

SUSTANTIVOS

el atributo característica, cualidad, aspecto

el emblema cualquier cosa que es representación simbólica de otra; símbolo en que se representa alguna figura

la imagen figura, representación

la insignia señal distintiva; bandera o estandarte; imagen o medalla

Ejercicios escritos

EJERCICIO 1 Palabras clave

Repasa las definiciones de las siguientes palabras asociadas con símbolos e imágenes. Para cada una, escoge dos palabras o frases clave que te ayuden a recordar su significado.

MODELO: la insignia → a. bandera b. medalla

1. caracterizar a. _____ b. _____

2. el atributo a. _____ b. _____

3. atribuir a. _____ b. _____

4. la imagen a. _____ b. _____

5. encarnar a. _____ b. _____

6. el emblema a. _____ b. _____

7. captar a. _____ b. _____

8. simbolizar a. _____ b. _____

9. representar a. _____ b. _____

*EJERCICIO 2 Asociaciones

Empareja cada concepto o término de la columna A con la definición correspondiente en la columna B.

A

1. ____ insignia
2. ____ encarnar
3. ____ atributo
4. ____ captar
5. ____ emblema
6. ____ imagen
7. ____ atribuir
8. ____ caracterizar
9. ____ representar
10. ____ simbolizar

B

a. aplicar cualidades
b. atraer la atención
c. cualidad
d. distinguir de los demás
e. figura
f. hacer presente en la imaginación
g. personificar
h. representación simbólica
i. señal distintiva
j. servir como símbolo

*EJERCICIO 3 Definiciones

Escoge la palabra que contesta la pregunta que oyes.

MODELO: (oyes) ¿Qué palabra significa aplicar, a veces por conjetura, cualidades a alguna persona?
            (escoges) (a.) atribuir   b. representar

1. a. captar   b. simbolizar
2. a. caracterizar   b. atribuir
3. a. atribuir   b. encarnar
4. a. atributo   b. representar
5. a. simbolizar   b. imagen
6. a. atributo   b. imagen
7. a. captar   b. emblema
8. a. insignia   b. atributo

Gramática

REVIEW OF PRETERITE

A. Forms

The preterite is a past tense formed by adding the following endings to the verb stem.

-ar VERBS		-er/-ir VERBS	
-é	-amos	-í	-imos
-aste	-asteis	-iste	-isteis
-ó	-aron	-ió	-ieron

For irregular stems of the preterite, review the charts in **Lección 17.**

B. Functions

To express completed action in the past. The emphasis is on the beginning or end of the action or on the action having been completed.

Ejercicios escritos

*EJERCICIO 1   Biografía de Pancho Villa

Pancho Villa is one of the most enduring symbols of Mexican culture. He is also the source of many negative stereotypes associated with Mexico: the large *sombrero*, the *bandido*, and others. The following paragraph is the true story of this famous revolutionary soldier. Fill in the blanks with the correct forms of the preterite.

Doroteo Arango (nacer) _____[1] en 1878 en el estado de Durango, México. Sus

padres eran unos campesinos pobres que trabajaban en una hacienda. En 1894, Doroteo (encontrar)

_____[2] al dueño de la hacienda, don Agustín López Negrete, en el acto de

violar a su hermana. Doroteo (defender) _____[3] a su hermana y (matar)

_____[4] a don Agustín. Doroteo (huir) _____[5] a las montañas de la Sierra Madre para evitar que lo encontrara la policía y (cambiarse) _____6 el

nombre de Doroteo Arango por el de Francisco «Pancho» Villa.

El año 1910 (marcar) _____7 el comienzo de la Revolución mexicana contra el

dictador Porfirio Díaz. Pancho Villa, que ya había sufrido por muchos años bajo la tiranía de Díaz,

(ofrecer) _____8 sus servicios al revolucionario Francisco Madero. Después del

asesinato de Madero, Villa (luchar) _____9 al lado del revolucionario Venustiano

Carranza contra el general Victoriano Huerta. Sin embargo, cuando Carranza (lograr)

_____10 el poder, Villa y sus tropas (declararse) _____11 en

contra del gobierno de Carranza. El gobierno de los Estados Unidos, que hasta ese punto había

simpatizado con Villa, (reconocer) _____12 a Carranza como presidente de México.

Para Villa, eso quería decir que el gobierno de los Estados Unidos era ya su enemigo. En 1916, el

presidente Wilson (mandar) _____13 tropas norteamericanas a México para

aprehender a Pancho Villa. Las tropas del General Pershing lo (buscar) _____14

por un año pero nunca lo (poder) _____15 capturar. Poco después, Villa (aceptar)

_____16 la amnistía a cambio de tierras y dinero para él y sus tropas. Villa

(establecer) _____17 muchas reformas agrarias y sociales en su nueva hacienda sin

ningún motivo externo, sino por su fuerte sentido de justicia. Irónicamente, Pancho Villa, un hombre

sin educación ni formación militar, (terminar) _____18 su carrera en una hacienda

muy parecida a la de su juventud, pero esta vez, en vez de ser sólo un campesino, (ser)

_____19 el dueño. (Ser) _____20 allí, en su hacienda cerca de

Parral, Chihuahua, donde sus enemigos políticos lo (asesinar) _____21 en 1923.

*EJERCICIO 2 Autobiografía de Pancho Villa

In **Ejercicio 1,** you completed a biography of Pancho Villa, the famous Mexican revolutionary soldier.
Now, retell the biography as an autobiography. Fill in the blanks with the correct forms of the preterite as
if you were Pancho Villa telling your own story.

Yo, Doroteo Arango, (nacer) _____1 en 1878 en el estado de Durango, México. Mis

padres eran campesinos pobres que trabajaban en una hacienda. En 1894, yo (encontrar)

_____2 al dueño de la hacienda, don Agustín López Negrete, en el acto de violar a

mi hermana. Yo (defender) _____3 a mi hermana y (matar)

_____4 a don Agustín. Yo (huir) _____5 a las montañas de la

Sierra Madre para evitar que me encontrara la policía y (cambiarse) _____6 el

nombre de Doroteo Arango por el de Francisco "Pancho" Villa.

El año 1910 (marcar) _____7 el comienzo de la Revolución mexicana

contra el dictador Porfirio Días. Yo que ya había sufrido por muchos años bajo la tiranía de Díaz, (ofrecer) _____[8] mis servicios al revolucionario Francisco Madero. Después del

asesinato de Madero, yo (luchar) _____[9] al lado del revolucionario Venustiano

Carranza contra el general Victoriano Huerta. Sin embargo, cuando Carranza (lograr)

_____[10] el poder, yo y mis tropas (declararse) _____[11] en contra

del gobierno de Carranza. El gobierno de los Estados Unidos, que hasta ese punto había simpatizado

conmigo, (reconocer) _____[12] a Carranza como presidente de México. Para mí, eso

quería decir que el gobierno de los Estados Unidos era ya mi enemigo. En 1916, el presidente Wilson

(mandar) _____[13] tropas norteamericanas a México para capturarme. Las tropas

del General Pershing me (buscar) _____[14] por un año pero nunca me (poder)

_____[15] aprehender. Poco después, yo (aceptar) _____[16] la

amnistía a cambio de tierras y dinero para mí y mis tropas. Yo (establecer) _____[17]

muchas reformas agrarias y sociales en mi nueva hacienda sin ningún motivo externo, sino por mi

fuerte sentido de justicia. Irónicamente, yo, un hombre sin educación ni formación militar, (terminar)

_____[18] mi carrera en una hacienda muy parecida a la de mi juventud, pero esta

vez, en vez de ser sólo un campesino, yo (ser) _____[19] el dueño. (Ser)

_____[20] allí, en mi hacienda cerca de Parral, Chihuahua, donde mis enemigos

políticos me (asesinar) _____[21] en 1923.

Actividades optativas de vocabulario y gramática

ACTIVIDAD A   Por ejemplo
Da dos ejemplos concretos de las siguientes palabras. Uno de los ejemplos debe ser de un negocio. El
otro puede ser de cualquier cosa. (Pista: Busca en las páginas amarillas de la guía telefónica.) Explica
cada ejemplo utilizando las palabras entre paréntesis.

1. emblema (captar, encarnar)

    a. un negocio _____

    _____

    _____

    _____

    b. otro ejemplo _____

    _____

    _____

    _____

2. imagen (representar, atribuir)

a. un negocio _____

_____

_____

_____

b. otro ejemplo _____

_____

_____

_____

3. insignia (caracterizar, simbolizar)

a. un negocio _____

_____

_____

_____

b. otro ejemplo _____

_____

_____

_____

ACTIVIDAD B   ¿Qué opinas?
Responde a cada afirmación indicando tu opinión personal acerca de los temas tratados.

1. La insignia de esta universidad capta las cualidades de los alumnos.

_____

_____

_____

2. Las campañas políticas nos dan imágenes falsas de los candidatos.

_____

_____

_____

3. Caracterizar la vida personal (o privada) de un candidato político es saber qué tipo de líder va a ser.

_____

_____

_____

4. La Primera Dama del país simboliza a todas las mujeres del país.

_____

_____

_____

ACTIVIDAD C   Expansión léxica

Busca en un diccionario las otras formas de las siguientes palabras.

v. = verbo   **s.** = sustantivo   **adj.** = adjetivo   **adv.** = adverbio

1. caracterizar   s. _____

                    s. _____

2. encarnar   s. _____

                    adj. _____

3. captar   s. _____

                    adj. _____

4. imagen   s. _____

                    v. _____

5. atribuir   s. _____

                    adj. _____

6. simbolizar   adj. _____

                    adv. _____

ACTIVIDAD D   Los héroes nacionales   (Preterite)

Así como los Estados Unidos tienen a George Washington, casi todos los países hispanos tienen sus héroes nacionales. A continuación hay una lista de algunos héroes nacionales y los países a que corresponden. Escoge dos de esos nombres y escribe un breve biografía sobre cada uno. En la biografía de estas personas, debes incluir las fechas de su nacimiento y de su fallecimiento y los hechos más importantes de su vida. Usa la biografía de Pancho Villa del Ejercicio 1 como modelo. Escribe por lo menos diez oraciones para cada biografía y ten cuidado con el uso del pretérito.

José Martí—Cuba	Simón Bolívar—Bolivia	El Cid—España
Padre Hidalgo—México	Benito Juárez—México	Domingo Sarmiento—Argentina

Biografía 1: _____

_____

_____

_____

_____

_____

_____

_____

_____

_____

_____

Biografía 2: _____

_____

_____

_____

_____

_____

_____

_____

_____

_____

_____

_____

_____

_____

_____

ACTIVIDAD E   La cultura hispana en los Estados Unidos   (Preterite)

La influencia de la cultura hispana en los Estados Unidos es muy evidente. ¿Por qué motivo son conocidas las personas de la lista a continuación? Escribe por lo menos una oración describiendo algo por lo cual es famoso/a cada persona. Usa el pretérito.

MODELO: María Conchita Alonso → Actuó en la película *Depredador* con Arnold Schwarzenegger.

1. Henry Cisneros _____

_____

2. César Chávez _____

_____

3. Ricky Martin _____

_____

4. Anthony Quinn _____

_____

5. Julio Iglesias _____

_____

6. Selena _____

_____

7. Salma Hayek _____

_____

8. Sandra Cisneros _____

_____

9. Eric Estrada _____

_____

10. Jennifer López _____

_____

LECCIÓN 22

PERSPECTIVAS CULTURALES

IDEAS PARA EXPLORAR Tres grandes civilizaciones indígenas

Vocabulario del tema

SUSTANTIVOS

los agricultores personas que se dedican al cultivo de la tierra

los artesanos personas que se dedican a un oficio manual como carpintero, fontanero o zapatero

los campesinos trabajadores del campo; labradores

la ciudad-estado se refiere a una ciudad que tiene un gobierno autónomo

los corredores en el imperio incaico, personas que servían de mensajeros; corrían largas distancias transmitiendo mensajes del gobierno

la democracia sistema de gobierno en que los ciudadanos eligen a sus gobernantes por medio del voto

el emperador el soberano de un imperio

los esclavos personas sobre las que otras ejercen derecho de propiedad

la federación asociación o conjunto de países o ciudades que tienen en común una autoridad superior

los guerreros hombres especializados en las artes militares; los que luchan en las guerras

los mercaderes comerciantes

la monarquía régimen político en que el jefe supremo del estado es un rey

los sacerdotes clérigos; ministros de un culto religioso que realizan los sacrificios y servicios religiosos

los soldados hombres de armas; miembros de la milicia

la teocracia gobierno ejercido por la clase sacerdotal de un país

Ejercicios escritos

EJERCICIO 1 Palabras clave

Repasa las definiciones de las siguientes palabras relacionadas con las tres grandes civilizaciones indígenas. Para cada una, escoge dos palabras o frases clave que te ayuden a recordar su significado.

MODELO: los campesinos → a. trabajadores   b. labradores

1. los corredores   a. _____   b. _____

2. los artesanos   a. _____   b. _____

3. los esclavos   a. _____   b. _____

4. los agricultores   a. _____   b. _____

5. los soldados   a. _____   b. _____

6. los guerreros   a. _____   b. _____

7. el emperador   a. _____   b. _____

8. los sacerdotes   a. _____   b. _____

9. los mercaderes   a. _____   b. _____

*EJERCICIO 2   Correspondencias

Las siguientes palabras de vocabulario tienen que ver con varias formas de gobierno. Escoge la palabra de la columna B que se asocia lógicamente con la palabra de la columna A.

A

1. ____ la ciudad-estado

2. ____ la democracia

3. ____ la federación

4. ____ la monarquía

5. ____ la teocracia

B

a. el emperador
b. votar
c. los sacerdotes
d. independiente
e. asociación

*EJERCICIO 3   Definiciones

Escribe la palabra cuya definición oyes.

MODELO: (oyes)   Se refiere a una asociación política de estados, ciudades o países. Lo que tienen en común es una autoridad superior que gobierna la asociación.
         (escribes)   la federación

1. _____

2. _____

3. _____

4. _____

5. _____

6. _____

7. _____

8. _____

9. _____

10. _____

Gramática

*«No era borracho el que **había bebido** sino el que seguía bebiendo.»** *

PLUPERFECT (**PLUSCUAMPERFECTO**)

A. Forms

The pluperfect (or past perfect) is formed by combining the imperfect form of **haber** with a past participle.

IMPERFECT OF **haber**	+	PAST PARTICIPLE
había		derrocado
habías		sometido
había	+	decaído
habíamos		subido
habíais		conocido
habían		remontado

B. Functions

To express that the action of the verb in the pluperfect was completed (i.e., had happened) prior to another point in the past.

La civilización azteca **había descubierto** muchos conceptos modernos antes de la llegada de los europeos.

The Aztec civilization had discovered many modern concepts before the arrival of the Europeans.

Los incas ya **habían entrado** en guerra civil cuando llegaron los españoles.

The Incas had already entered into a civil war when the Spanish arrived.

Los mayas **habían creado** un sistema de escritura mucho antes de que conocieran el sistema romano que usaban los europeos.

The Mayans had created a writing system well before their introduction to the Roman system used by the Europeans.

Ejercicios escritos

*EJERCICIO 1   Using the Pluperfect
Paso 1   Reread the excerpts from a newspaper article about Patricia Velásquez, Venezuelan "super-model" on page 91 of **Lección 5** and on page 160 of **Lección 8** of the *Primera parte* of the *Manual.*

Paso 2   Based on the article, write five sentences in the pluperfect that indicate what she had accomplished by the year 1995.

> MODELO: Antes del año 1995, Patricia Velásquez *había trabajado* con los diseñadores más famosos del mundo.

———————————————
*"He who had drunk was not a drunkard but he who continued to drink was."

1. _____

_____

2. _____

_____

3. _____

_____

4. _____

_____

5. _____

_____

*EJERCICIO 2   More on the Pluperfect

Match the years from the first column with the events in the second column by writing the letter in the appropriate space. Then complete each sentence by conjugating the verbs in the correct form of the pluperfect.

1. _____ Antes de 1920...

2. _____ Antes de 1492...

3. _____ Antes de 1450...

4. _____ Antes de 1990...

5. _____ Antes de 1944...

6. _____ Antes de 1863...

7. _____ Antes de 1950...

8. _____ Antes de 1600...

9. _____ Antes de 1980...

10. _____ Antes de 70.000.000 a.C...

a. ...la radio (ser) _____ _____ el entretenimiento más popular en los hogares norteamericanos.

b. ...los esclavos africanoamericanos nunca (tener) _____ _____ derechos civiles.

c. ...mucha gente no (reciclar) _____ _____ los periódicos todavía.

d. ...los dinosaurios (vivir) _____ _____ en muchas partes de lo que hoy son los Estados Unidos.

e. ...la mayoría de los estudiantes no (usar) _____ _____ las computadoras personales para hacer sus tareas.

f. ...Gutenberg no (inventar) _____ _____ la tipografía.

g. ...las tribus indígenas (ocupar) _____ _____ casi todo el territorio de América.

h. ...los científicos no (construir) _____ _____ una bomba atómica todavía.

i. ...las mujeres no (ganar) _____ _____ el derecho al voto.

j. ...el mundo no (conocer) _____ _____ la novela *Don Quijote.*

Actividades optativas de vocabulario y gramática

ACTIVIDAD A ¿Cuánto sabes?

Paso 1 Da la siguiente información, si puedes, sobre cada civilización indígena indicada.

reencias religiosas   extensión geográfica
descubrimientos científicos   sistemas de gobierno

1. los aztecas

   _____
   _____
   _____
   _____
   _____

2. los incas

   _____
   _____
   _____
   _____
   _____

3. los mayas

   _____
   _____
   _____
   _____
   _____

Paso 2 (Optativo). Busca los nombres de otras civilizaciones indígenas del Caribe, Centroamérica y Sudamérica.

ACTIVIDAD B Preguntas

Contesta cada pregunta y explica la razón de tu respuesta.

1. ¿Con qué civilizaciones antiguas asocias la monarquía?

   _____
   _____
   _____

2. ¿Con qué países contemporáneos asocias la teocracia?

   _____
   _____
   _____

3. ¿Son compatibles la democracia y la teocracia?

_____

_____

_____

4. ¿Qué posición social tienen los agricultores y los artesanos en la sociedad con la cual te identificas?

_____

_____

_____

5. ¿Qué posición social tienen los soldados, los mercaderes y los campesinos en la sociedad con la cual te identificas?

_____

_____

_____

ACTIVIDAD C   Con tus propias palabras
Escribe, con tus propias palabras, las definiciones de las siguientes palabras. Luego, escribe una oración en que demuestras tu comprensión de la palabra.

MODELO: inmune →
Significa invulnerable a ciertas enfermedades y otras cosas.
Un líder necesita ser inmune a la crítica de la oposición.

1. la democracia

_____

_____

_____

2. el sacerdote

_____

_____

_____

3. el esclavo

_____

_____

_____

4. la ciudad-estado

_____

_____

_____

5. el artesano

_____

_____

_____

6. la teocracia

_____

_____

_____

7. la federación

_____

_____

_____

8. el corredor

_____

_____

_____

ACTIVIDAD D   Expansión léxica

Busca en el diccionario las otras formas de las siguientes palabras.

v. = verbo   **s.** = sustantivo   **adj.** = adjetivo

1. agricultor   s. _____

adj. _____

2. artesano   s. _____

adj. _____

s. _____

3. campesino   s. _____

adj. _____

4. democracia   s. _____

adj. _____

5. esclavo   v. _____

s. _____

6. federación   v. _____

s. _____

7. mercader   v. _____

                           s. _____

                          adj. _____

                          adj. _____

ACTIVIDAD E   Antes de llegar a la universidad…   (Pluperfect)

¿Qué experiencias habías tenido y cuáles no habías tenido antes de empezar tus estudios universitarios? Escribe tres oraciones afirmativas y tres oraciones negativas usando el pluscuamperfecto.

MODELO: Antes de empezar los estudios universitarios, yo no *había tomado* bebidas alcohólicas todavía.

AFIRMATIVAS

1. _____

_____

2. _____

_____

3. _____

_____

NEGATIVAS

1. _____

_____

2. _____

_____

3. _____

ACTIVIDAD F   Antes de inscribirme en este curso…   (Pluperfect)

Piensa en tus experiencias con el aprendizaje del español antes de este curso. Escribe cinco oraciones describiendo esas experiencias. ¿Fueron positivas o negativas? Usa el pluscuamperfecto.

MODELO: Antes de inscribirme en este curso, no *había hablado* mucho en las clases de español.

1. _____

_____

2. _____

_____

3. _____

_____

4. _____

_____

5. _____

ACTIVIDAD G   Los tribus indígenas   (Pluperfect)
Seleciona dos antiguas civilizaciones indígenas de la lista a continuación y busca información sobre ellas en la biblioteca. Luego, escribe cinco oraciones comparativas utilizando el pluscuamperfecto.

los caribes	los olmecas
los guaraníes	los taínos
los isleños de Pascua	los toltecas

MODELO: Cuando llegaron los europeos, los caribes no *habían formado* todavía un sistema complejo de gobierno pero, los toltecas sí *habían creado* uno.

1. _____

_____

_____

2. _____

_____

_____

3. _____

_____

_____

4. _____

_____

_____

5. _____

_____

_____

IDEAS PARA EXPLORAR   Perspectivas desde el Sur
● ●

Vocabulario del tema

SUSTANTIVOS
el azúcar   sustancia dulce, blanca y cristalizada en pequeños granos
el chocolate   mezcla hecha con cacao, azúcar y otros ingredientes como canela o vainilla para aromatizarla
la conquista   acción y efecto de ganar y tomar control de, mediante una guerra, un territorio y/o un pueblo
el intercambio   cambio recíproco de cosas entre dos o más personas o grupos de personas
el maíz   planta que produce mazorcas de granos gruesos, típicamente amarillos

la papa   patata; planta cuyos tubérculos feculentos son un alimento muy apreciado

la perspectiva   punto de vista; circunstancia de poder observar las cosas a cierta distancia para poder apreciarlas en su propio valor

la rueda   disco redondo que gira alrededor de un eje, importante para el movimiento de un vehículo

el tomate   fruto comestible de color rojo, muy jugoso y con muchas semillas

la viruela   enfermedad contagiosa y epidémica, caracterizada por erupciones de pústulas

Ejercicios escritos

EJERCICIO 1   Palabras clave

Repasa las definiciones de las siguientes palabras relacionadas con las perspectivas desde el Sur. Para cada una, escoge dos palabras o frases clave que te ayudan a recordar su significado.

MODELO: azúcar   →   a.   dulce   b.   blanco

1.   viruela   a. _____   b. _____

2.   chocolate   a. _____   b. _____

3.   tomate   a. _____   b. _____

4.   conquista   a. _____   b. _____

5.   rueda   a. _____   b. _____

6.   intercambio   a. _____   b. _____

7.   perspectiva   a. _____   b. _____

8.   maíz   a. _____   b. _____

*EJERCICIO 2   Asociaciones

Empareja cada palabra de la columna A con la palabra o concepto de la columna B que lógicamente se asocia con ella.

A

1.   _____ maíz

2.   _____ viruela

3.   _____ perspectiva

4.   _____ chocolate

5.   _____ intercambio

6.   _____ tomate

7.   _____ rueda

8.   _____ conquista

9.   _____ azúcar

10. _____ papa

B

a.   blanco
b.   cacao
c.   guerra
d.   recíproco
e.   amarillo
f.   patata
g.   observaciones
h.   redonda
i.   rojo
j.   erupciones

*EJERCICIO 3   Definiciones

Escoge la palabra cuya definición oyes.

> MODELO: (oyes) Esta palabra significa punto de vista.
> (escoges) ⓐ perspectiva   b. intercambio

1.	a. papa	b.	los incas
2.	a. los mayas	b.	maíz
3.	a. azúcar	b.	militarismo
4.	a. florecer	b.	viruela
5.	a. conquista	b.	remontar
6.	a. monoteísmo	b.	perspectiva
7.	a. rueda	b.	desconocer
8.	a. inmune	b.	chocolate
9.	a. tomate	b.	derrocar
10.	a. teocracia	b.	intercambio

Gramática

*«Si no **hubiera** mal gusto, ¿qué **sería** de los feos?»**

REVIEW OF CONDITIONAL + PAST SUBJUNCTIVE IN *IF* CLAUSES

CONDITIONAL

A. Regular Forms

The conditional tense is formed by adding the endings **-ía, -ías, -ía, -íamos, -íais, -ían** to the infinitive of a verb.

INFINITIVE +	ENDINGS =	CONDITIONAL TENSE FORMS	
educar	-ía -ías -ía -íamos -íais -ían	educaría educarías educaría educaríamos educaríais educarían	*I would educate* *you (s. fam.) would educate* *he/she/it/you (s. pol.) would educate* *we would educate* *you (s. fam. Sp.) would educate* *they/you (pl. pol.) would educate*

---

*"There's no accounting for tastes." (Lit: What would become of the homely if it weren't for poor taste?)

B. Irregular Forms

The same verbs that are irregular in the future tense (see **Lección 1**) share that irregularity in the conditional. There is a minor change in the stem, but the endings are the same as regular conditional tense verbs as given above. Two verbs, **hacer** and **decir,** have idiosyncratic changes to the stem.

CHANGE	INFINITIVE	CONDITIONAL AND FUTURE STEM	CONDITIONAL TENSE FORMS OF FIRST PERSON SINGULAR
drop **e** *from infinitive*	caber haber poder querer saber	cabr- habr- podr- querr- sabr-	cabría habría podría querría sabría
d *replaces* **e** *or* **i** *of infinitive*	poner salir tener valer venir	pondr- saldr- tendr- valdr- vendr-	pondría saldría tendría valdría vendría
idiosyncratic	decir hacer	dir- har-	diría haría

PAST SUBJUNCTIVE

The past subjunctive is formed by taking the third person plural form of the preterite tense, deleting the **-on,** and adding **-a, -as, -a, -amos, -ais, -an.** All first person plural (**nosotros**) forms require an accent on the final vowel in the stem.

A. Regular Forms

-ar VERBS **(aumentar)**	**-er** VERBS **(establecer)**	**-ir** VERBS **(prohibir)**
aumentara aumentaras aumentara aumentáramos aumentarais aumentaran	estableciera establecieras estableciera estableciéramos establecierais establecieran	prohibiera prohibieras prohibiera prohibiéramos prohibierais prohibieran

B. Irregular Forms

All stem changes or other irregularities in the third person plural preterite are also found in the forms of the past subjunctive. The endings for the past subjunctive are the same for all verbs, regular and irregular. Here are some common irregular verbs and their formation in the past subjunctive.

INFINITIVE	THIRD PERSON PLURAL PRETERITE		PAST SUBJUNCTIVE
dar	dier~~on~~	→	diera, dieras, diéramos, …
decir	dijer~~on~~	→	dijera, dijeras, dijéramos, …
estar	estuvier~~on~~	→	estuviera, estuvieras, estuviéramos, …
hacer	hicier~~on~~	→	hiciera, hicieras, hiciéramos, …
ir/ser	fuer~~on~~	→	fuera, fueras, fuéramos, …
oír	oyer~~on~~	→	oyera, oyeras, oyéramos, …
poder	pudier~~on~~	→	pudiera, pudieras, pudiéramos, …
poner	pusier~~on~~	→	pusiera, pusieras, pusiéramos, …
querer	quisier~~on~~	→	quisiera, quisieras, quisiéramos, …
tener	tuvier~~on~~	→	tuviera, tuvieras, tuviéramos, …
venir	vinier~~on~~	→	viniera, vinieras, viniéramos, …

C. Function

To express that a situation is hypothetical, improbable, or false

Si **pudiera, viviría** la mitad del año en Latinoamérica y la otra mitad en los Estados Unidos.

If I could, I would live half of the year in Latin America and the other half in the United States.

No **habría** tanta variedad de productos si no **fuera** por el intercambio entre los hemisferios.

There wouldn't be such a variety of products if it weren't for the exchange between the hemispheres.

Si **supiera** más de geografía, **podría** entender mejor esta materia.

If he knew more about geography, he would be able to better understand this subject.

Ejercicios escritos

EJERCICIO 1 **Using the Conditional with the Past Subjunctive*
Complete each sentence to form a true statement for you. ¡OJO! You will need to use the conditional form of the verb in each sentence.

MODELO: Si pudiera, … (vivir) → Si pudiera, *viviría en una isla tropical.*

1. Si pudiera, … (vivir)

   _____

   _____

2. Si pudiera, … (aprender a)

   _____

   _____

3. Si pudiera, … (comprar)

   _____

   _____

4. Si pudiera, ... (viajar a)

_____

_____

5. Si pudiera, ... (ser + *profesión*)

_____

_____

6. Si pudiera, ... (practicar + *deporte*)

_____

_____

7. Si pudiera, ... (conocer a)

_____

_____

8. Si pudiera, ... (salir con)

_____

_____

9. Si pudiera, ... (tocar + *instrumento musical*)

_____

_____

10. Si pudiera, ... (comer)

_____

_____

*EJERCICIO 2   Using the Past Subjunctive in *if* Clauses

Fill in the blanks in the following interview with the correct form of the verbs from the list below. Each verb may be used only once. ¡OJO! You will need to use the form of the past subjunctive in each sentence.

asignar	poder	regalar
contestar	preguntar	tener
encontrar	querer	venir
ganar		

1. Si tu compañero/a de casa/apartamento/residencia te _____ si puede fumar

   marihuana en la casa, ¿qué le dirías?

2. ¿Qué harías si tu mejor amigo _____ copiar tus respuestas en un examen

   importante?

3. Si tu profesor(a) te _____ una tarea de doscientas páginas para el día siguiente,

   ¿qué harías?

4. ¿Qué harías si _____ una copia oficial de un examen final una semana antes del examen?

5. Si tú _____ modificar una ley universitaria solamente, ¿qué modificarías?

6. ¿Qué harías si un compañero / una compañera de clase siempre _____ las preguntas del profesor / de la profesora sin darles oportunidades a los otros?

7. ¿Qué harías si _____ un viaje alrededor del mundo pero que tendrías «F» en todas las clases como resultado?

8. ¿Qué harías si una persona te _____ un anillo de diamante después de salir con él/ella sólo una vez?

9. Si la universidad _____ que eliminar el programa de deportes o el de música por falta de dinero, ¿cuál escogerías?

10. Si un amigo / una amiga de tu colegio _____ a visitarte aquí y después de una semana todavía no quisiera volver a su casa, ¿qué harías?

Actividades optativas de vocabulario y gramática

ACTIVIDAD A   Asociaciones
Escribe tres palabras o frases que asocias con cada palabra. Luego, explica la razón de las asociaciones.

> MODELO: el Sur → a. Alabama   b. pollo frito   c. un buen clima
> Mi mejor amiga trabajó en la Universidad de Alabama. Por eso, asocia muchas comidas con el Sur, pero particularmente el pollo frito. También asocia un buen clima, como el de la Florida, con el Sur.

1. la papa   a. _____ b. _____ c. _____

_____

_____

2. el intercambio   a. _____ b. _____ c. _____

_____

_____

3. el maíz   a. _____ b. _____ c. _____

_____

_____

4. el chocolate   a. _____ b. _____ c. _____

_____

_____

5. la perspectiva   a. _____   b. _____   c. _____

_____

_____

6. la viruela   a. _____   b. _____   c. _____

_____

_____

7. la rueda   a. _____   b. _____   c. _____

_____

_____

8. el azúcar   a. _____   b. _____   c. _____

_____

_____

9. el tomate   a. _____   b. _____   c. _____

_____

_____

10. la conquista   a. _____   b. _____   c. _____

_____

_____

ACTIVIDAD B   **Perspectiva desde el Sur**

¿Hay cursos en tu universidad que presenten una perspectiva sureña? Busca en el catálogo de tu universidad los cursos en varios departamentos que presentan una perspectiva sureña. Indica el título del curso y cualquier información que aclara la perspectiva que se presenta.

1. la geografía

_____

_____

_____

2. la historia

_____

_____

_____

3. la ingeniería

_____

_____

_____

4. la agricultura

_____

_____

_____

5. el español

_____

_____

_____

6. la administración de empresas

_____

_____

_____

7. ¿ ?

_____

_____

_____

ACTIVIDAD C   Alfredo Jaar

Mira las fotos en la página 332 del libro de texto y lee la información sobre ellas. Luego, con tus propias palabras, interpreta las imágenes. Las siguientes preguntas sirven de guía.

1. ¿Por qué es necesario indicar que el mapa de los Estados Unidos NO es el mapa de América? ¿Qué datos históricos lo hacen necesario? ¿Qué perspectiva critica Alfredo Jaar?
2. Piensa en «América». ¿Cuál es la extensión geográfica que asocias con el nombre «América»?
3. Piensa en el hemisferio en que vives. ¿Has pensado que vives en el hemisferio norte o en el hemisferio occidental? En otras palabras, ¿qué partes del mundo has excluido de tu perspectiva?

_____

_____

_____

_____

_____

_____

ACTIVIDAD D   Expansión léxica

Busca en el diccionario las otras formas de las siguientes palabras.

v. = verbo   **s.** = sustantivo   **adj.** = adjetivo

1. azúcar

v. _____

s. _____

adj. _____

2. conquista   v. _____

3. maíz   s. _____

4. rueda   v. _____

                      s. _____

5. intercambio   v. _____

                      adj. _____

ACTIVIDAD E   ¿Qué harías?   (Conditional + Past Subjunctive)
Responde con una oración verdadera a las preguntas del Ejercicio 2 que aparece en la página 214.
¡OJO! Tendrás que usar el condicional en cada oración.

1. _____
   _____

2. _____
   _____

3. _____
   _____

4. _____
   _____

5. _____
   _____

6. _____
   _____

7. _____
   _____

8. _____
   _____

9. _____
   _____

10. _____
    _____

ACTIVIDAD F   Si no hubiera electricidad...   (Conditional + Past Subjunctive)
Imagínate que la electricidad no existe. ¿Cómo te afectaría personalmente? Escribe cinco oraciones sobre
los efectos de no tener electricidad las veinticuatro horas de un día típico. **¡OJO!** Tendrás que usar el
condicional en cada oración.

1. Si no hubiera electricidad _____
   _____

2. Si no hubiera electricidad ——————————————————————————

——

3. Si no hubiera electricidad ——————————————————————————

——

4. Si no hubiera electricidad ——————————————————————————

——

5. Si no hubiera electricidad ——————————————————————————

——

ACTIVIDAD G   ¿En qué circunstancias... ?   (Conditional + Past Subjunctive)
Describe las circunstancias en que harías las acciones siguientes. **¡OJO!** Tendrás que usar el pasado de subjuntivo en cada oración.

1. Aprendería cuatro idiomas si ————————————————————————

——

2. Participaría en una manifestación política si ————————————————

——

3. Hablaría con mi profesor(a) de español si ————————————————

——

4. Viviría en otro país si ————————————————————————————

——

5. Presentaría mi candidatura para un cargo público si ————————————

——

6. Dejaría mis estudios universitarios si ——————————————————

——

7. Escribiría una carta al presidente si ——————————————————

——

8. Leería las novelas de Tolstoi si ————————————————————

——

9. Tomaría más clases de español si ————————————————————

——

10. No haría la tarea de español si ————————————————————

——

ACTIVIDAD H   Si no fuera por...   (Conditional + Past Subjunctive)
En clase, se comentó el efecto del intercambio entre continentes. Ahora, escribe seis oraciones sobre el efecto, en el individuo o en la nación, de varios de los productos originarios de América. Puedes usar los productos de la lista u otros que conoces.

| el aguacate | los chiles | el maíz | el tomate |
| el azúcar | el chocolate | el tabaco | la vainilla |

MODELO: Si no fuera por el tabaco, no tendríamos tantos casos de cáncer de los pulmones.

1. _____

_____

2. _____

_____

3. _____

_____

4. _____

_____

5. _____

_____

6. _____

_____

IDEAS PARA EXPLORAR   El contacto entre culturas

Vocabulario del tema

VERBOS
explotar   aprovecharse abusivamente de alguien o algo
oprimir   dominar; gobernar con tiranía a alguien
vitorear   aclamar; dar gritos de entusiasmo en honor de alguien

SUSTANTIVOS
el descubrimiento   acción de hallar lo que estaba ignorado o era desconocido
el encuentro   acto de coincidir dos o más cosas en un punto o lugar
el explorador (la exploradora)   alguien que recorre un país o territorio desconocido para observarlo detenidamente
el pionero (la pionera)   persona que inicia la exploración y población de nuevas tierras
el/la profeta   persona que anuncia un acontecimiento futuro
el/la vidente   persona que puede adivinar acontecimientos futuros o cosas ocultas

Ejercicios escritos

EJERCICIO 1   Palabras clave
Repasa las definiciones de las palabras relacionadas con el descubrimiento que aparecen arriba. Para cada una de las siguientes palabras, escoge dos palabras o frases clave que te ayuden a recordar su significado.

1. el descubrimiento   a. _____   b. _____

2. el encuentro   a. _____   b. _____

3. el pionero / la pionera   a. _____   b. _____

4. el/la profeta   a. _____   b. _____

5. el explorador   a. _____   b. _____

6. vitorear   a. _____   b. _____

7. el/la vidente   a. _____   b. _____

8. explotar   a. _____   b. _____

9. oprimir   a. _____   b. _____

*EJERCICIO 2   Asociaciones

Empareja cada palabra de la columna A con la palabra o frase que lógicamente se asocia con ella de la columna B.

A

1. _____ el descubrimiento
2. _____ el encuentro
3. _____ el/la profeta
4. _____ el/la explorador(a)
5. _____ el/la pionero/a
6. _____ el/la vidente
7. _____ explotar
8. _____ oprimir
9. _____ vitorear

B

a. ir a sitios desconocidos para ver lo que hay en ellos
b. aprovecharse de algo o de alguien abusivamente
c. anunciar un acontecimiento futuro
d. gobernar tiránicamente
e. acción de descubrir lo desconocido
f. dar gritos de entusiasmo
g. encontrarse
h. persona que adivina cosas ocultas
i. iniciar la exploración y población de nuevas tierras

*EJERCICIO 3   Definiciones

Escribe la palabra cuya definición oyes.

MODELO: (oyes)   Significa aprovecharse de algo o alguien abusivamente.
            (escribes)   explotar

1. _____   5. _____

2. _____   6. _____

3. _____   7. _____

4. _____   8. _____

Gramática

*«¿Quién **será** ese hombre enmascarado?»**

FUTURE OF PROBABILITY

A. Forms

You have already studied the future tense in **Lección 1** of this *Manual*. Regular verbs ending with **-ar,** **-er,** and **-ir** are all formed the same way: by adding **-é, -ás, -á, -emos, -éis, -án** to the infinitive.

INFINITIVE +	ENDINGS =	FUTURE TENSE FORMS
comunicar	-é -ás -á -emos -éis -án	comunicar**é** comunicar**ás** comunicar**á** comunicar**emos** comunicar**éis** comunicar**án**

There is a small group of verbs that are irregular in the future tense. In these verbs the stem undergoes a minor change, but the endings are the same as regular future tense verbs given above. Two verbs, **hacer** and **decir,** have idiosyncratic changes to the stem.

	INFINITIVE	FUTURE STEM	FUTURE TENSE FORMS OF FIRST PERSON SINGULAR
*drop **e** from infinitive*	caber haber poder querer saber	cabr- habr- podr- querr- sabr-	cabr**é** habr**é** podr**é** querr**é** sabr**é**
d *replaces **e** or **i** of infinitive*	poner salir tener valer venir	pondr- saldr- tendr- valdr- vendr-	pondr**é** saldr**é** tendr**é** valdr**é** vendr**é**
idiosyncratic	decir hacer	dir- har-	dir**é** har**é**

B. Function*

To express uncertainty, conjecture, or speculation in the present

(*Someone knocks at the door*) —¿Quién **será?**—**Será** Jorge.	—*I wonder who that is?* —*It's probably Jorge.*

---

*"Who is that masked man?" (The question always asked about the Lone Ranger.)

†See **Lección 1** of this *Manual* for a complete overview of the other functions of the future tense.

¿**Sabrá** Ud. algo de las costumbres de los indios de esta región?	*Would you know anything about the customs of the Indians of this region?*
¿**Tendrá** Ud. un mapa del Paraguay?	*Might you have a map of Paraguay?*
No conozco el sistema métrico. ¿Qué talla de zapatos **llevaré** aquí en Venezuela?	*I don't know the metric system. I wonder what size shoe I wear here in Venezuela?*

Práctica de escuchar

PRÁCTICA   Listening for the Contrast Between Present Tense and the Future of Probability
Listen to the following minidialogues. The first speaker will ask a question and the second speaker will respond. Indicate whether the second speaker is certain (present tense) or uncertain (future tense) of his or her responses. The answers are given on the audio program.

ESTRATEGIA PARA ESCUCHAR

A common strategy for interpreting reference to past, present, or future is to listen for words like **hoy, el año pasado,** or **la semana próxima.** However, not all sentences will include one of these clues. To pick out the future tense, pay attention to the stress pattern in the verb. The future tense is distinguishable by the stress on the final syllable that is added to the infinitive form (except in the **nosotros** form where the stress falls on the next-to-last syllable).

MODELO: (oyes)   s1: ¿De dónde viene la expresión «un don Juan»?
                              s2: Viene de la leyenda de don Juan Tenorio, un personaje de una obra clásica de la literatura española.
               (escoges) Seguro ☑   No seguro ☐

	SEGURO/A	NO SEGURO/A			SEGURO/A	NO SEGURO/A
1.	☐	☐		6.	☐	☐
2.	☐	☐		7.	☐	☐
3.	☐	☐		8.	☐	☐
4.	☐	☐		9.	☐	☐
5.	☐	☐				

Ejercicios escritos

*EJERCICIO 1   Providing Context for the Future of Probability
For each of the uses of the future of probability below, write a question that provides an appropriate context for its use.

MODELO: Serán las cinco y media. → *¿Qué hora es (será)?*

1. ¿ _____ ?

   ¿A la puerta? Será Tomás.

2. ¿ _____ ?

   Será algún tipo de ensalada.

3. ¿ —————————————————————————————— ?

¿Susana? Tendrá veinticinco años.

4. ¿ —————————————————————————————— ?

¿La camisa verde? Estará en el armario.

5. ¿ —————————————————————————————— ?

¿Ese auto? Costará $50.000.

6. ¿ —————————————————————————————— ?

¿Los «Puercos Asesinos»? Tocarán la música *punk*.

7. ¿ —————————————————————————————— ?

¿En la tele? Será un documental sobre las costumbres de las tribus del Amazonas.

8. ¿ —————————————————————————————— ?

¿El chico con Elena? Será su primo o su hermano.

9. ¿ —————————————————————————————— ?

¿Los obreros? Arreglarán la calle.

10. ¿ —————————————————————————————— ?

¿Esas tazas? Vendrán de Inglaterra.

*EJERCICIO 2   Responding with Present Tense or Future of Probability

Answer the following questions truthfully. If you are sure of the answer, use the present tense. If you are not completely sure, use the future of probability to indicate your uncertainty and make as good a guess as possible. You do not need to find out the answers if you don't already know.

1. ¿Cuántos años tiene tu profesor(a) de español?

_____

2. ¿Cuántos estudiantes hay en tu clase de español?

_____

3. ¿Cuántos estudiantes hay en tu universidad?

_____

4. ¿Cuántos parientes tienes?

_____

5. ¿Cuántas veces al mes sales con amigos?

_____

6. ¿Cuántas personas de otros países conoces?

_____

7. ¿Cuántos kilómetros puedes correr todas las mañanas?

_____

8. ¿Cuánto cuesta la matrícula en tu universidad?

_____

9. ¿Cuántas palabras por minuto puedes escribir a máquina?

_____

10. ¿Cuántas culturas distintas están representadas en tu universidad?

_____

Actividades optativas de vocabulario y gramática

ACTIVIDAD A   Asociaciones
Explica las posibles asociaciones y relaciones que hay entre cada par de palabras.

MODELO: vidente y profeta →
Creo que estas dos palabras son casi sinónimas; tanto el vidente como el profeta ven cosas futuras. Es posible que la palabra *profeta* sea un poco más respetuosa que *vidente*.

1. explotar y explorador(a)

_____

_____

_____

2. esclavitud y oprimir

_____

_____

_____

3. sacerdote y profeta

_____

_____

_____

4. pionero/a y explorador(a)

_____

_____

_____

5. encuentro y descubrimiento

_____

_____

_____

6. pirata y explorador(a)

_____

_____

_____

ACTIVIDAD B   ¿A quién consideras... ?
Contesta cada pregunta con información verdadera para ti. Explica la razón de tu selección. Puedes contestar que no consideras que nadie sea así, pero tienes que explicar por qué.

1.   ¿A quién consideras que es profeta/vidente?

_____

_____

_____

2.   ¿A quién consideras que oprime a otros?

_____

_____

_____

3.   ¿A quién consideras digno/a de vitorear?

_____

_____

_____

4.   ¿A quién consideras que es pionero/a?

_____

_____

_____

5.   ¿A quién consideras que es explorador(a)?

_____

_____

_____

ACTIVIDAD C   Perspectivas
Usa el vocabulario del tema para describir a Cristóbal Colón desde la perspectiva de los que aparecen en la lista.

Según los Reyes Católicos Fernando e Isabel

_____

_____

_____

_____

Según las civilizaciones indígenas conquistadas

_____

_____

_____

_____

Según tu propia opinión

_____

_____

_____

_____

ACTIVIDAD D   Expansión léxica

Busca en el diccionario las otras formas de las siguientes palabras.

v. = verbo   **s.** = sustantivo   **adj.** = adjetivo

1. descubrimiento   v. _____

                      s. _____

                      adj. _____

2. encuentro   v. _____

                      adj. _____

3. explorador(a)   v. _____

                      adj. _____

4. explotar   s. _____

                      s. _____

                      adj. _____

5. oprimir   s. _____

                      adj. _____

ACTIVIDAD E   El mundo latino   (Future of Probability)

Paso 1   Escribe cinco oraciones sobre Latinoamérica o España sobre cosas que no estás seguro/a de que sean ciertas. Utiliza el futuro de probabilidad para expresar la incertidumbre. Tu profesor(a) te puede decir si son ciertas o no.

MODELO: No comerán tacos en la Argentina.   SÍ ☑   NO ☐

	SÍ	NO
1. _____	☐	☐
_____		
2. _____	☐	☐
_____		

3. _____   ☐   ☐

   _____

4. _____   ☐   ☐

   _____

5. _____   ☐   ☐

   _____

Paso 2   Escribe cinco preguntas sobre Latinoamérica o España usando el futuro de probabilidad (para expresar *I wonder* . . .). ¡A ver si tu profesor(a) sabe las respuestas!

MODELO: ¿Qué comida será típica del Perú?

1. _____

   _____

   Profesor(a): _____

   _____

2. _____

   _____

   Profesor(a): _____

   _____

3. _____

   _____

   Profesor(a): _____

   _____

4. _____

   _____

   Profesor(a): _____

   _____

5. _____

   _____

   Profesor(a): _____

   _____

LECCIÓN 23

LITERATURA Y ARTE

LITERATURA

• •

Vocabulario útil

CONSEJO PRÁCTICO

You will come across a great many words in the poem "Balada de los dos abuelos" that you already know. You will also come across unfamiliar words. The following vocabulary list and exercises are meant to help you through the reading. Don't worry about incorporating this vocabulary into your daily speech.

VERBOS
alzar   to rise
arder   to burn
despedazar   to cut in pieces
escoltar   to accompany

SUSTANTIVOS
los abalorios   glass beads
el aguaprieta   dark water
el ansia   anxiety

el caimán   small crocodile
el fulgor   shine
el gongo   gong
la gorguera   ruffle
el látigo   whip
la vela   sail

ADJETIVOS
repujado/a   embossed

Ejercicios escritos

*EJERCICIO 1   Sinónimos
Empareja cada palabra de la columna A con la frase o palabra sinónima de la columna B.

A

1. _____ despedazar   4. _____ fulgor
2. _____ alzar   5. _____ látigo
3. _____ gongo   6. _____ aguaprieta

B

a. instrumento de percusión
b. azote de cuero que se usa para castigar
c. romper o cortar en pedazos
d. agua sucia y oscura
e. levantar
f. resplandor y brillo

*EJERCICIO 2   Definiciones

Escoge la palabra cuya definición oyes.

> MODELO: (oyes)   Es un azote de cuero que se usa para castigar.
> (escoges) ⓐ látigo   b. abalorio   c. fulgor

1. a. fulgor   b. aguaprieta   c. caimán

2. a. ansia   b. caimán   c. gorguera

3. a. vela   b. gorguera   c. abalorio

4. a. arder   b. alzar   c. escoltar

5. a. gongo   b. aguaprieta   c. fulgor

*EJERCICIO 3   Asociaciones

Escribe una palabra de la lista del vocabulario que lógicamente se asocia con la oración que oyes.

> MODELO: (oyes)   Son bolitas de vidrio que se usan para adornar vestidos.
> (escribes) abalorios

1. _____   4. _____

2. _____   5. _____

3. _____

Segunda exploración

ACTIVIDAD A   Escuchar y leer

Paso 1   Ya que has hecho las actividades de Primera exploración, debes escuchar la lectura de este poema antes de continuar con las actividades de Segunda exploración.

Sugerencias

- Repasa las actividades de Primera exploración antes de escuchar el poema.
- Lee el poema en tu libro de texto mientras lo escuchas.

Paso 2   Después de escuchar el poema, sigue con las actividades de Segunda exploración.

ACTIVIDAD B   Diferentes experiencias

Paso 1   Repasa los versos del 9 al 24 en que los dos abuelos comentan varios aspectos de la vida de ellos. El abuelo negro comenta «me muero» mientras el blanco comenta «me canso». Explica, con tus propias palabras, el significado de lo que comentan.

EL ABUELO NEGRO

«Me muero»

1. África de selvas húmedas...

_____

_____

_____

_____

EL ABUELO BLANCO

«Me canso»

1. Aguaprieta de caimanes...

_____

_____

_____

_____

EL ABUELO NEGRO

2. velas de amargo viento…

_____

_____

_____

_____

EL ABUELO BLANCO

2. costas de cuello virgen…

_____

_____

_____

_____

Paso 2 Los versos 39 y 40 son repetición de los versos 29 y 30. Explica lo que significan los barcos para cada uno de los dos abuelos.

¿Qué representan los barcos para Facundo?

_____

_____

_____

¿Qué representan los barcos para Federico?

_____

_____

_____

ACTIVIDAD C Inferencias

Paso 1 Leer entre líneas es importante especialmente cuando se lee poesía. Lee los versos 43 y 44. En estos el poeta nos presenta un panorama de la vida de sus abuelos. Explica, con tus propias palabras, las relaciones entre Federico y Facundo.

_____

_____

_____

_____

_____

_____

_____

Paso 2 El poeta termina el poema «juntando» a los dos abuelos. Repasa los versos del 48 al 60. Luego, explica con tus propias palabras por qué crees que el poeta dice que gritan, sueñan, lloran y cantan. ¿Por qué no dirá que viven, trabajan, sonríen y bailan?

_____

_____

_____

ACTIVIDAD D Escuchar de nuevo

Ahora que has hecho los ejercicios sobre la lectura, escucha una vez más el poema. Esta vez no te preocupes de nada: escúchalo sólo por el placer de oírlo y apreciar lo que logró Nicolás Guillén al escribirlo.

LECCIÓN 24
RESUMEN Y REPASO

RESUMEN LÉXICO
• •

Ascendencia e identidad

SUSTANTIVOS
el antagonismo
la ascendencia
los ascendientes

las barreras
la comunidad
la etnicidad
la identidad

el liderazgo
las rencillas
la solidaridad

Los estereotipos

VERBOS
confrontar
estereotipar
perpetuar
reír

SUSTANTIVO
el estereotipo

ADJETIVOS
dañino/a

humorístico/a
odioso/a
perspicaz

Símbolos e imágenes

VERBOS
atribuir
captar
caracterizar
encarnar

representar
simbolizar

SUSTANTIVOS
el atributo

el emblema
la imagen
la insignia

Tres grandes civilizaciones indígenas

SUSTANTIVOS
los agricultores
los artesanos
los campesinos
la ciudad-estado
los corredores

la democracia
el emperador
los esclavos
la federación
los guerreros
los mercaderes

la monarquía
los sacerdotes
los soldados
la teocracia

Perspectivas desde el Sur

SUSTANTIVOS		
el azúcar	el intercambio	la rueda
el chocolate	el maíz	el tomate
la conquista	la papa	la viruela
	la perspectiva	

El contacto entre culturas

VERBOS	SUSTANTIVOS	
explotar	el descubrimiento	el pionero (la pionera)
oprimir	el encuentro	el/la profeta
vitorear	el explorador (la exploradora)	el/la vidente

RESUMEN GRAMATICAL

PRONOMINALIZED DEFINITE ARTICLES   (Lección 21)

Pronominalized definite articles refer to a noun already established (or implied) by the context.

el	los
la	las

  a. *article + adjective*
  b. *article +* **de**
  c. *article + relative pronouns* **que, quien(es),** *and* **cual(es)**
  d. *preposition + article + relative pronoun*

REVIEW OF OBJECT PRONOUNS   (Lección 21)

A. Forms of Direct Object Pronouns

me	nos
te	os
lo/la	los/las

Direct object pronouns agree in gender, number, and person with the direct object noun they replace. They are placed before a conjugated verb and may be attached to the end of an infinitive or present participle. They always come before a negative command and they must be attached to the end of an affirmative command.

B. Functions of Direct Object Pronouns

Direct objects indicate who or what received the action of a verb. Direct object pronouns replace a direct object noun that has already been referred to. They may also serve as the only reference to an object, especially when referring to people if the reference is clear from the context (for example, with **me, te, os,** and **nos**). The direct object pronoun **lo** may be used to replace an entire phrase.

C. Forms of Indirect Object Pronouns

me	nos
te	os
le	les

Indirect object pronouns agree in number and person with the object noun they replaced. They are placed before a conjugated verb and may be attached to the end of an infinitive or present participle. They always come before a negative command and they must be attached to the end of an affirmative command.

D. Functions of Indirect Object Pronouns

Indirect object pronouns indicate to whom or for whom the action of the verb takes place. Unlike direct object pronouns, the use of indirect object pronouns is obligatory even when the object is specified in the same sentence. Indirect object pronouns can also express *on* or *from* (something or someone).

E. Using Direct and Indirect Object Pronouns Together

Indirect object pronouns always precede direct object pronouns when they are used together. The indirect object pronouns **le** and **les** become **se** when used in combination with a direct object pronoun that begins with the letter *l* (**lo, la, los, las**).

REVIEW OF PRETERITE   (Lección 21)

A. Forms

The preterite is a past tense formed by adding the following endings to the verb stem.

-ar VERBS		**-er/-ir** VERBS	
-é	-amos	-í	-imos
-aste	-asteis	-iste	-isteis
-ó	-aron	-ió	-ieron

Many verbs have irregular stems in the preterite. Review these forms in **Lección 17.**

B. Functions

To narrate events or actions that took place at one specific time in the past

PLUPERFECT (**PLUSCUAMPERFECTO**)   (Lección 22)

IMPERFECT OF **haber**	+	PAST PARTICIPLE
había		derrocado
habías		sometido
había		decaído
habíamos	+	subido
habíais		conocido
habían		remontado

CONDITIONAL + PAST SUBJUNCTIVE IN *IF* CLAUSES   (Lección 22)

Conditional + past subjunctive in *if* clauses is used to express that a situation is hypothetical, improbable, or false.

Conditional

INFINITIVE +	ENDINGS =	CONDITIONAL TENSE FORMS
educar	-ía -ías -ía -íamos -íais -ían	educaría educarías educaría educaríamos educaríais educarían

Irregular Forms of the Conditional

CHANGE	INFINITIVE	CONDITIONAL AND FUTURE STEM	CONDITIONAL TENSE FORMS OF FIRST PERSON SINGULAR
drop **e** *from infinitive*	caber haber poder querer saber	cabr- habr- podr- querr- sabr-	cabría habría podría querría sabría
d *replaces* **e** *or* **i** *of infinitive*	poner salir tener valer venir	pondr- saldr- tendr- valdr- vendr-	pondría saldría tendría valdría vendría
idiosyncratic	decir hacer	dir- har-	diría haría

Past Subjunctive

-ar VERBS **aumentar**	-er VERBS **establecer**	-ir VERBS **prohibir**
aumentara aumentaras aumentara aumentáramos aumentarais aumentaran	estableciera establecieras estableciera estableciéramos establecierais establecieran	prohibiera prohibieras prohibiera prohibiéramos prohibierais prohibieran

Irregular Forms of the Past Subjunctive

INFINITIVE	THIRD PERSON PLURAL PRETERITE		PAST SUBJUNCTIVE
dar	dier~~on~~	→	diera, dieras, diéramos, …
decir	dijer~~on~~	→	dijera, dijeras, dijéramos, …
estar	estuvier~~on~~	→	estuviera, estuvieras, estuviéramos, …
hacer	hicier~~on~~	→	hiciera, hicieras, hiciéramos, …
ir/ser	fuer~~on~~	→	fuera, fueras, fuéramos, …
oír	oyer~~on~~	→	oyera, oyeras, oyéramos, …
poder	pudier~~on~~	→	pudiera, pudieras, pudiéramos, …
poner	pusier~~on~~	→	pusiera, pusieras, pusiéramos, …
querer	quisier~~on~~	→	quisiera, quisieras, quisiéramos, …
tener	tuvier~~on~~	→	tuviera, tuvieras, tuviéramos, …
venir	vinier~~on~~	→	viniera, vinieras, viniéramos, …

FUTURE OF PROBABILITY   (Lección 22)

The future tense can be used to express uncertainty, conjecture, or speculation in the present.

A. Regular Forms

INFINITIVE +	ENDINGS =	FUTURE TENSE FORMS
comunicar	-é -ás -á -emos -éis -án	comunicaré comunicarás comunicará comunicaremos comunicaréis comunicarán

B. Irregular Forms

	INFINITIVE	FUTURE STEM	FUTURE TENSE FORMS OF FIRST PERSON SINGULAR
drop e from infinitive	caber haber poder querer saber	cabr- habr- podr- querr- sabr-	cabré habré podré querré sabré
d replaces e or i of infinitive	poner salir tener valer venir	pondr- saldr- tendr- valdr- vendr-	pondré saldré tendré valdré vendré
idiosyncratic	decir hacer	dir- har-	diré haré

Repaso de las lecciones previas

REPASO A   Las noticias   (Pronombres de complemento directo e indirecto)

Busca un artículo en español en una revista, en un periódico, o en la Internet. Debe ser de por lo menos tres párrafos. Haz una copia del artículo para tu profesor(a). Luego, indica a continuación todos los usos de los pronombres de complemento directo e indirecto con sus referentes (a quién o a qué se refiere) en el artículo.

PRONOMBRE	¿DIRECTO O INDIRECTO?	REFERENTE
____	____	_____
____	____	_____
____	____	_____
____	____	_____
____	____	_____
____	____	_____
____	____	_____
____	____	_____
____	____	_____

REPASO B   Recomendaciones   (Subjuntivo en las cláusulas nominales)

El gobierno de los Estados Unidos dice que debemos tener una perspectiva más amplia del mundo. Después de estudiar el idioma español y las culturas hispanas, ¿qué recomendaciones les harías tú a otras personas? Escribe seis recomendaciones para que otras personas tengan una perspectiva más amplia de la cultura. Usa las expresiones a continuación para empezar las oraciones. **¡OJO!** Será necesario usar el subjuntivo en la cláusula subordinada.

Deseo que…   Prefiero que…   Recomiendo que…   Insisto en que…
Espero que…   Quiero que…   Sugiero que…

1. _____
   _____

2. _____
   _____

3. _____
   _____

4. _____
   _____

5. _____
   _____

6. _____
   _____

UNIDAD 6

PERSPECTIVAS E IMÁGENES CULTURALES

EXAMEN DE PRÁCTICA

• •

Puntos ganados = ———————

Total posible = 92

I. Vocabulario (30 puntos)

A. Definiciones. Escucha la definición y luego escribe su número al lado de la palabra apropiada. (10 puntos)

a. ——— atribuir

b. ——— ciudad-estado

c. ——— comunidad

d. ——— explotar

e. ——— federación

f. ——— perpetuar

g. ——— perspectiva

h. ——— rencillas

i. ——— vidente

j. ——— vitorear

B. Asociaciones. Empareja la palabra de la columna A con la palabra de la columna B con la cual se asocia lógicamente. (10 puntos)

A

1. ——— ascendencia

2. ——— atributo

3. ——— azúcar

4. ——— barrera

5. ——— democracia

6. ——— emperador

7. ——— estereotipo

8. ——— imagen

9. ——— oprimir

10. ——— reír

B

a. obstáculo
b. antepasados
c. alegría
d. cualidad
e. soberano
f. dulce
g. dominar
h. idea preconcebida
i. figura
j. elecciones

C. Más definiciones. Escribe la letra de la palabra que se define. (10 puntos)

1. _____ conjunto de características que diferencian a las personas y naciones entre sí

2. _____ situación de las personas que influyen en las acciones y decisiones de una comunidad

3. _____ mirar con fortaleza alguna dificultad o peligro

4. _____ que tiene entendimiento agudo y penetrante

5. _____ hacer presente una cosa en la imaginación por medio de palabras o figuras

6. _____ personificar; representar alguna idea abstracta

7. _____ ministro de un culto religioso que realiza los sacrificios y servicios religiosos

8. _____ enfermedad contagiosa y epidémica que se caracteriza por erupciones de pústulas

9. _____ coincidir dos o más cosas en un punto o lugar

10. _____ persona que inicia la exploración y población de nuevas tierras

a. confrontar
b. encarnar
c. encuentro
d. identidad
e. liderazgo
f. perspicaz
g. pionero
h. representar
i. sacerdote
j. viruela

II. Gramática (36 puntos)

A. Los artículos definidos pronominalizados. Pon un círculo alrededor de la palabra a la que se refiere el artículo definido pronominalizado. (4 puntos: ½ punto cada uno)

1. Los propósitos del sistema educativo son varios. Entre ellos está <u>el</u> de crear ciudadanos útiles.

2. No hay una sola identidad hispana en los Estados Unidos. <u>La</u> de los que llegan de México es diferente de <u>la</u> de los puertorriqueños.

3. Las palabras de la lengua española tienen sus orígenes en varias lenguas. <u>Las</u> que vienen del latín son más numerosas que <u>las</u> que vienen del inglés.

4. Se dice que hay varias clases de estereotipos: <u>los</u> que dan una impresión positiva del grupo estereotipado y, claro, <u>los</u> que afectan al grupo negativamente.

B. Pretérito, pluscuamperfecto. Escribe la forma correcta del verbo indicado en el espacio en blanco. (10 puntos)

Las tres grandes civilizaciones indígenas de las que se habla mucho son: la azteca, la maya y la inca.

¿Qué _____[1] (encontrar) los europeos cuando _____[2] (llegar) a las Américas? La civilización maya ya _____[3] (florecer); estaba en su período posclásico. Durante el período clásico los mayas _____[4] (construir) sus grandes centros ceremoniales. La civilización inca inició su época de esplendor en el siglo XV. A la llegada de Francisco Pizarro, el imperio _____[5] (ser) dividido entre dos hermanos que

_____[6] (enfrentarse) en una guerra civil. Esta guerra civil _____[7] (favorecer) a los españoles la conquista del imperio. Un siglo antes de la llegada de los europeos, la civilización azteca _____[8] (crecer) hasta alcanzar una población de 30 millones de personas. Los aztecas _____[9] (establecer) la enseñanza obligatoria mientras que los europeos no _____[10] (aceptar) la necesidad de la enseñanza obligatoria hasta finales del siglo XIX y comienzos del siglo XX.

C. El futuro para indicar probabilidad. Escribe la forma del futuro para cada verbo indicado. Luego, indica si lo que expresa la oración es probable o improbable. (6 puntos: 1 punto por cada verbo y ½ punto por tu opinión)

	PROBABLE	IMPROBABLE
1. Los estudiantes universitarios _____ (dejar) de tomar bebidas alcohólicas.	☐	☐
2. Se _____ (reestablecer) el imperio maya.	☐	☐
3. El gobierno de los Estados Unidos _____ (devolver) los territorios ancestrales a las tribus indígenas.	☐	☐
4. Los hispanos _____ (formar) la minoría política más poderosa en los Estados Unidos.	☐	☐

D. Repaso de los pronombres de complemento directo e indirecto. Escribe la forma apropiada del pronombre de complemento directo o indirecto en cada espacio en blanco. Luego, indica a qué civilización indígena se refiere la información. (6 puntos: 1 punto por cada pronombre y 1 punto por la civilización)

1. La mayoría de los (incas, mayas, aztecas) cultivaba lotes de tierra. El estado _____ repartía entre las familias.

2. Los (incas, mayas, aztecas) desarrollaron un sistema de escritura basado en jeroglíficos. Son tan complicados que los científicos todavía no _____ han descifrado por completo.

3. Las familias de un barrio elegían a su jefe. _____ distribuía a las familias las tierras de cultivo que pertenecían comunalmente a todos. (incas, mayas, aztecas)

E. Condicional + el pasado del subjuntivo. Escribe en los espacios en blanco las formas apropiadas de los verbos indicados. Luego, indica si lo que se expresa la oración se aplica a tí o no. (10 puntos: un punto por cada verbo y ½ punto por tu opinión)

	SE APLICA A MÍ.	NO SE APLICA A MÍ.
1. _____ (Aprender) cuatro idiomas si _____ (tener) más tiempo en mi horario, pues no quiero pasar seis años en la universidad.	☐	☐

	SE APLICA A MÍ.	NO SE APLICA A MÍ.

2. Si ——————————— (ser) posible, ———————————

   (tomar) más clases de español. ☐ ☐

3. ——————————— (Aceptar) sacar «F» en todas mis clases si ☐ ☐

   ——————————— (poder) hacer un viaje gratis alrededor del

   mundo.

4. No ——————————— (participar) en la clase si el profesor ☐ ☐

   (la profesora) no ——————————— (dar) nota por la participación.

III. Información en clase (6 puntos)

Conceptos importantes. Escoge dos de los siguientes conceptos y explica la importancia de cada uno en el contexto en que lo estudiamos en la clase. (6 puntos)

1. la identidad (etnicidad, raza, ascendencia)

   _____

   _____

   _____

2. los estereotipos

   _____

   _____

   _____

3. una perspectiva desde el Sur

   _____

   _____

   _____

4. 1492: ¿encuentro o genocidio?

   _____

   _____

   _____

5. Las tres grandes civilizaciones indígenas

   _____

   _____

   _____

ESCALA DE CORRECCIÓN PARA LA SECCIÓN III

3 puntos	La respuesta está correcta e indica que tienes un buen entendimiento del concepto.
2 puntos	La respuesta está incompleta e indica que tienes entendimiento parcial o limitado del concepto.
1 punto	La respuesta está incompleta; no da detalles; da poca información e/o información incorrecta.
0 puntos	La respuesta indica que todavía no entiendes el concepto.

IV. Literatura (20 puntos)

A. ¿A quién se refiere? Las siguientes frases vienen del poema «Balada de los dos abuelos». Indica si la frase se refiere al abuelo blanco (**B**) o al abuelo negro (**N**). (10 puntos)

1. —— Lanza con punta de hueso

2. —— Gris armadura guerrera

3. —— Tambor de cuero y madera

4. —— Gordos gongos sordos

5. —— Galeón ardiendo en oro

6. —— Aguaprieta de caimanes

7. —— Me muero

8. —— Me canso

9. —— Don Federico

10. —— Taita Facundo

B. Citas. Escoge una de las siguientes citas y explica su significado y su importancia en el contexto del poema. (10 puntos)

1. Sombras que sólo yo veo,
   me escoltan mis dos abuelos.

   _____

   _____

   _____

   _____

   _____

2. ¡Qué de barcos, qué de barcos!
   ¡Qué de negros, qué de negros!

   _____

   _____

   _____

   _____

   _____

3. …los dos del mismo tamaño,
    gritan, sueñan, lloran, cantan.
    Sueñan, lloran, cantan.
    Lloran, cantan.
    ¡Cantan!

    _____

    _____

    _____

    _____

    _____

ESCALA DE CORRECCIÓN PARA LA SECCIÓN IV B

10 puntos   La respuesta presenta toda la información y está correcta. Indica que tienes un
            excelente entendimiento del cuento. El ensayo está bien desarrollado.

9 puntos   La respuesta está correcta e indica que tienes un buen entendimiento del cuento.
            El ensayo está bien desarrollado.

8 puntos   La respuesta está incompleta. Indica que tienes un buen entendimiento del
            cuento, pero no das suficientes detalles. El ensayo está bien desarrollado.

7 puntos   La respuesta está incompleta e indica que sólo tienes un entendimiento parcial
            del cuento. El ensayo en general está bien desarrollado.

6 puntos   La respuesta está incompleta e indica que tienes un entendimiento limitado del
            cuento. El ensayo no está bien desarrollado.

5 puntos   La respuesta está incompleta; no da detalles; da poca información e/o
            información incorrecta.

0 puntos   La respuesta indica que no entendiste el cuento.

ANSWER KEY

••

Unidad 4

LECCIÓN 13

Ideas para explorar **¿Por qué ves la televisión?**

VOCABULARIO DEL TEMA **Ejercicio 2** 1. C 2. F 3. F 4. C 5. C **Ejercicio 3** a. 6 b. 4 c. 3 d. 7 e. 1 f. 5 g. 2 **Ejercicio 4** 1. estimulan 2. educan 3. televidentes 4. inspiran 5. distrae 6. escape

GRAMATICA (PART 1) **Ejercicio 1** 1. los → muebles 2. lo → calendario 3. las → pinturas 4. lo → chiste 5. lo → hombre 6. lo → vino 7. Los → Esteban y Julia 8. Las → hijas 9. lo → dinero 10. la → tarea **Ejercicio 2** 1. b 2. b 3. a 4. b 5. b 6. a 7. a 8. b 9. a 10. b **Ejercicio 3** 1. el gobierno va a cambiar las leyes sobre las armas 2. el profesor Nochebuena es el más exigente de todos 3. Cristina era peruana 4. tendremos que cambiar nuestros hábitos y no tirar a la basura objetos reciclables 5. El sistema de administración aquí es deficiente.

GRAMÁTICA (PART 2) **Ejercicio 1** 1. la cuñada de Texas 2. la cuñada de Texas 3. la hermana 4. el cuñado 5. la cuñada de Texas 6. la hermana **Ejercicio 2** *Paso 1* 1. le 2. le 3. le 4. le 5. le *Paso 2* 1. le → la niña 2. le → la niña 3. le → la niña 4. le → la niña 5. le → la niña

Ideas para explorar **La programación**

VOCABULARIO DEL TEMA **Ejercicio 2** a. 2 b. 1 c. 4 d. 6 e. 7 f. 5 g. 3 **Ejercicio 3** 1. los dibujos animados 2. los programas de entrevista 3. las noticias 4. los concursos 5. las comedias 6. los dramas **Ejercicio 4** 1. f 2. g 3. h 4. a 5. d 6. c 7. b

GRAMÁTICA **Ejercicio** 1. elimine 2. se quejen 3. aprenden 4. participemos 5. tengan 6. gana 7. muestren 8. sepan 9. existe 10. cambiemos

Ideas para explorar **La televisión y los niños**

VOCABULARIO DEL TEMA **Ejercicio 2** 1. favorecer 2. proporcionar 3. vigilar 4. impedir 5. dañar 6. la vista 7. entregar

GRAMÁTICA **Ejercicio 1** 1. atraigan 2. expliquen 3. depende 4. ocurran 5. miran 6. quiera 7. se presente 8. tenga 9. decida 10. deseemos **Ejercicio 2** *Answers may vary. Possible answers:* 1. Comer dulces no es malo a condición de que no se coman demasiados. 2. No se evitará la contaminación del aire a menos que se usen los medios de transporte público. 3. Los niños no deben mirar películas para adultos salvo que sus padres los acompañen. 4. Los agricultores no sobrevivirán económicamente sin que el gobierno los ayude. 5. Los estudiantes no aprenden mucho a menos que los profesores sean buenos. 6. Los libros de texto no son útiles a menos que sean comprensibles. 7. El racismo desaparecerá a condición de que la gente se eduque. 8. El estudio de las lenguas extranjeras ganará popularidad con tal de que el público perciba los beneficios. 9. Muchas personas no dejarán de fumar salvo que se enfermen. 10. Los estudiantes aprenderán a usar una computadora a condición de que sea necesario.

LECCIÓN 14

Ideas para explorar **Las imágenes presentadas en la televisión**

VOCABULARIO DEL TEMA **Ejercicio 2** 1. c 2. b 3. b 4. b 5. a 6. a **Ejercicio 3** 1. premiar 2. la actitud 3. el grupo étnico 4. el nivel económico 5. los productos 6. los servicios 7. criticar 8. el nivel social 9. ofensivo/a 10. sensacionalista

GRAMÁTICA **Ejercicio 1** 1. comunicarse (*in title*)—reflexive 2. comunicarse—reflexive 3. se realizaron—passive 4. se mantendrá—passive 5. se incrementará—passive 6. se pronosticó—impersonal 7. se sienten—reflexive 8. se refleja—passive **Ejercicio 2** 1. En 1884 se consiguió el patente para el primer sistema televisivo completo. 2. En 1936 se produjo la primera programación regular en Londres. 3. En 1940 se hicieron los primeros experimentos de la televisión en colores. 4. En 1950 se crearon las primeras comedias familiares. 5. En 1954 se produjeron los primeros televisores en colores para el hogar. 6. En 1965 se lanzó el primer satélite comercial para comunicaciones.

Ideas para explorar   Los avances tecnológicos televisivos

VOCABULARIO DEL TEMA **Ejercicio 2** 1. c 2. a 3. c 4. b 5. b 6. b

GRAMÁTICA **Ejercicio 1** *Answers will vary.* The correct verb forms are: 1. sería, sacaría, me gustaría 2. ganaría, sería, sería 3. me divertiría, podría, tendría 4. tendría, asistiría, conocería 5. duraría, terminaría, la olvidaría 6. estaría, me pondría, me gustaría 7. sería, tendría, me ayudaría 8. sería, me interesaría, saldría 9. estaría, parecería, haría 10. me afectaría, tendría, sería **Ejercicio 2** 1. cambiaría, miraría, saldría, haría 2. pagaría, buscaría, cancelaría, me dedicaría 3. inventaría, grabaría, me iría, me preocuparía 4. continuaría, buscaría, apagaría **Ejercicio 3** 1. d. se podrían 2. e. diría 3. h. dejarían 4. g. podrían 5. f. tendrían 6. a. querrían 7. b. haría 8. c. vendrían

Ideas para explorar   La identidad nacional

VOCABULARIO DEL TEMA **Ejercicio 2** 1. f 2. e 3. d 4. c 5. b **Ejercicio 3** 1. escaso 2. acelerar 3. calificar 4. alcanzar 5. difundir 6. influir en 7. la exposición

GRAMÁTICA **Ejercicio 2** *Paso 1* **Past subjunctive:** viajara *Paso 2* **Conditional:** pasarían, encogería, harían, llegaría, crecería, podría, reducirían *Paso 3* 1. b 2. b 3. b 4. a

LECCIÓN 15

VOCABULARIO ÚTIL **Ejercicio 1** 1. g 2. h 3. d 4. f 5. i 6. e 7. a 8. c 9. b **Ejercicio 3** 1. la vitrina 2. el/la cómplice 3. el loor 4. mascullar 5. la potestad 6. la cátedra 7. idóneo 8. el siervo/la sierva

Unidad 4   Examen de práctica

I. VOCABULARIO **A.** a. 8 b. 1 c. 10 d. 9 e. 7 f. 3 g. 5 h. 4 i. 6 j. 2 **B.** 1. h 2. j 3. b 4. i 5. c 6. f 7. a 8. d 9. g 10. e **C.** 1. b 2. i 3. e 4. g 5. d 6. h 7. f 8. a 9. j 10. c

II. GRAMÁTICA **A.** 1. Les 2. Se 3. Se 4. Me 5. Me **B.** 1. muestren 2. vean 3. tienen 4. encuentra **C.** 1. puedan 2. vivas 3. tener **D.** 1. gustaría 2. censurarían 3. tendrían **E.** 1. controlara 2. mejoraran 3. quisiera

IV. LITERATURA **A.** 1. d 2. a 3. c 4. c 5. b 6. d **B.** 1. C 2. F 3. F 4. C

Unidad 5

LECCIÓN 17

Ideas para explorar   La libertad

VOCABULARIO DEL TEMA **Ejercicio 2** 1. a 2. b 3. a 4. c 5. a 6. c **Ejercicio 3** 1. a 2. b 3. b 4. a 5. b

GRAMÁTICA **Ejercicio 1** 1. c. vencerían 2. g. liberaría 3. f. intentaría 4. h. establecería 5. a. crearía 6. d. rechazaría 7. e. lucharían 8. b. exigirían **Ejercicio 2** 1. vendría 2. tendría 3. comería 4. metería 5. montaría 6. bailaría 7. haría 8. tomaría

Ideas para explorar   La censura

VOCABULARIO DEL TEMA **Ejercicio 2** 1. b 2. a 3. b 4. a 5. a 6. b 7. a 8. a **Ejercicio 3** 1. b 2. d 3. e 4. a 5. c

GRAMÁTICA **Ejercicio** 1. No hay ninguna cultura que no se base en alguna forma de política. 2. No existe ningún producto que elimine los efectos de la radioactividad. 3. No existe ningún idioma que se forme sólo de verbos. 4. No hay ninguna sociedad que haya logrado que exista igualdad completa entre todos sus miembros. 5. No hay ninguna religión que no incluya una creencia en un poder sobrenatural. 6. No hay ninguna persona que pueda volar sin ayuda de un aparato mecánico. 7. No hay ningún elemento que sea más ligero que el litio. 8. No existe ninguna parte de la Tierra que no sostenga alguna forma de vida. 9. No hay ningún mamífero que tenga ocho piernas.

Ideas para explorar   La iglesia y la política

VOCABULARIO DEL TEMA   **Ejercicio 2**   1. a 2. b 3. b 4. a 5. a 6. a   **Ejercicio 3**   1. la brujería 2. el concubinato 3. la herejía 4. el Estado 5. los delitos 6. acusar 7. suprimir   **Ejercicio 4**   1. b 2. d 3. e 4. c 5. f 6. a

GRAMÁTICA   **Ejercicio 1**   1. fuimos 2. Era 3. dijo 4. quería 5. acompañamos 6. había 7. sabíamos 8. hacía 9. empezó 10. llevaban 11. caminaban 12. Cargaban 13. explicó 14. eran   **Ejercicio 2** 1. quedó 2. parecía 3. describió 4. tenía 5. poseía 6. encontró 7. escogió 8. creció 9. presentaron

LECCIÓN 18

Ideas para explorar   El sexismo

VOCABULARIO DEL TEMA   **Ejercicio 2**   1. el acto discriminatorio 2. el heterosexualismo 3. discriminar 4. la inclinación sexual 5. ofender 6. desigualdad

GRAMÁTICA   **Ejercicio 1**   1. que los líderes de los partidos opuestos dejen de conducir campañas negativas. (Volition) 2. que el gobierno les devuelva las tierras perdidas. (Volition) 3. que la raza alemana era superior a las demás razas. (Nonvolition) 4. que el gobierno mexicano los reconozca como ciudadanos mexicanos con todos los derechos reservados a los otros ciudadanos. (Volition) 5. que han sido maltratados por la mayoría de los estadounidenses con quienes han tenido contacto. (Nonvolition) 6. que la gente se olvide de la atrocidades del gobierno anterior. (Volition) 7. que varios oficiales del gobierno mexicano consiguieron sus puestos por vía del fraude electoral. (Nonvolition) 8. que el diálogo entre los Estados Unidos y Cuba es necesario para resolver los problemas entre los dos países. (Nonvolition) 9. que las autoridades mexicanas le den una explicación aceptable sobre el asesinato del cardenal Juan Jesús Posadas en 1993. (Volition) 10. que el gobierno estadounidense anuncie oficialmente los resultados de la investigación sobre los derechos humanos de su país y la inminente inclusión de éste en el Tratado de Libre Comercio (NAFTA). (Volition)   **Ejercicio 2**   1. siga 2. tiene 3. intervenga 4. hay 5. ha 6. fueron 7. confirme 8. fue

Ideas para explorar   El racismo

VOCABULARIO DEL TEMA   **Ejercicio 2**   1. f 2. b 3. a 4. c 5. e 6. d   **Ejercicio 3**   1. e 2. f 3. b 4. c 5. a 6. g 7. h 8. d

GRAMÁTICA   **Ejercicio 1**   1. con 2. de 3. de(l) 4. a 5. X 6. X 7. en 8. X 9. a 10. X   **Ejercicio 2** *Grammatical:* ayudaría a, contará con, aprenderán a, comenzarán a, cuenta con, asistirán a   *Prepositional:* participarán en, ayudar con, reunirse con, es en

Ideas para explorar   Los derechos humanos

VOCABULARIO DEL TEMA   **Ejercicio 2**   1. soportar 2. la marginación 3. la aversión 4. la repugnancia 5. repugnar 6. la homofobia 7. crímenes por el odio   **Ejercicio 3**   1. h 2. a 3. c 4. i 5. e 6. f 7. j 8. d 9. b 10. g

GRAMÁTICA   **Ejercicio 1**   1. Se juega la Copa Muncial cada cuatro años. 2. Se habla guaraní en Paraguay. 3. Se conmemora la independencia de México el 16 de septiembre. 4. Se practican las corridas de toros principalmente en España y en México. 5. Se creó la paella valenciana en Valencia, España. 6. Se inventó la música que se llama el mambo en Cuba. 7. Se baila el tango en la Argentina. 8. Se habla gallego en España. 9. Se toma mate en la Argentina, Uruguay y Brasil. 10. Se celebra la Nochebuena el 24 de diciembre en Perú (y en todos los otros países también).   **Ejercicio 2**   1. En algunos países, no se respeta el derecho a una prensa libre. 2. En Kosovo, se destruyeron muchos edificios durante la guerra. 3. En Sudáfrica, se ignoraron los derechos de los negros por muchos años. 4. Se creó «Amnesty International» para proteger los derechos de todas las personas. 5. Hoy, se protegen los derechos de los animales. 6. Se denunciaron el caso de la marginación y el asesinato de los indios guatemaltecos. 7. Se perpetró el genocidio contra los judíos de Europa durante la Segunda Guerra Mundial. 8. Mucha gente no sabe que se asesinó a millones de indios en la Argentina.

LECCIÓN 19

VOCABULARIO ÚTIL **Ejercicio 1** 1. c 2. a 3. c 4. b 5. a 6. c 7. a 8. a **Ejercicio 3** *Answers may vary.* *Possible answers:* 1. el pulmón, ametrallar, toser 2. el aprendiz, la huelga, el reposo, la sastrería, el taller 3. el aprendiz 4. la célula, la huelga, el juzgado, el pulmón, el reposo, ametrallar, suplicar, toser

Unidad 5 Examen de práctica

I. VOCABULARIO **A.** a. 1 b. 6 c. 8 d. 2 e. 9 f. 5 g. 7 h. 3 i. 10 j. 4 **B.** 1. d 2. j 3. e 4. f 5. b 6. i 7. a 8. g 9. c 10. h **C.** 1. b 2. h 3. a 4. i 5. d 6. g 7. j 8. c 9. e 10. f

GRAMÁTICA **A.** *Answers will vary.* 1. The form is **contribuiría** for either **yo** or **un amigo (una amiga).** It is **contribuirían** for **mis amigos** and **algunos miembros de mi familia.** 2. The form is **participaría** for either **yo** or **un amigo (una amiga).** It is **participarían** for **mis amigos** and **algunos miembros de mi familia.** 3. The form is **arriesgaría** for either **yo** or **un amigo (una amiga).** It is **arriesgarían** for **mis amigos** and **algunos miembros de mi familia.** **B.** 1. justifique 2. tenga **C.** 1. duraron 2. se denunciaban 3. se admitía 4. fueron **D.** 1. consigan 2. prohíba 3. participen 4. elimine **E.** 1. de 2. a 3. con 4. de 5. en 6. de 7. a 8. con **F.** *Answers may vary, but should include:* 1. Se cree 2. se fundó 3. se respetan

IV. LITERATURA **A.** 1. F 2. C 3. F 4. F 5. C 6. C 7. C 8. C 9. F 10. F

Unidad 6

LECCIÓN 21

Ideas para explorar Ascendencia e identidad

VOCABULARIO DEL TEMA **Ejercicio 2** 1. j 2. i 3. b 4. h 5. g 6. a 7. f 8. e 9. d 10. c **Ejercicio 3** 1. e 2. f 3. a 4. c 5. d 6. b

GRAMÁTICA **Ejercicio 1** 1. zonas 2. subsistemas 3. reglas 4. palabras 5. inmigrantes 6. diferencias 7. suramericanos 8. palabras 9. influencia **Ejercicio 2** 1. la (gambiense) → enfermedad 2. la (rhodesiense) → enfermedad 3. la (cual) → mosca tsé-tsé

Ideas para explorar Los estereotipos

VOCABULARIO DEL TEMA **Ejercicio 2** 1. c 2. f 3. h 4. i 5. a 6. d 7. g 8. b 9. e **Ejercicio 3** 1. c 2. a 3. c 4. a 5. b

GRAMÁTICA **Ejercicio 1** *Answers will vary but will include the following object pronouns and verbs* 1. lo usamos 2. lo/la conozco 3. los veo 4. los invitaría 5. me saludan 6. lo sabía 7. lo escucho 8. los sé conjugar (sé conjugarlos) 9. lo voy a continuar estudiando (voy a continuar estudiándolo) 10. las leo **Ejercicio 2** *Answers will vary but will include the following object pronouns and verbs* 1. me dan 2. les digo 3. me molesta 4. nos explica 5. le hago 6. les pido 7. me interesan 8. les presto 9. nos cuenta 10. me da **Ejercicio 3** 1. b 2. c 3. b 4. c 5. c 6. b 7. a 8. c

Ideas para explorar Símbolos e imágenes

VOCABULARIO DEL TEMA **Ejercicio 2** 1. i 2. g 3. c 4. b 5. h 6. e 7. a 8. d 9. f 10. j **Ejercicio 3** 1. a 2. a 3. b 4. b 5. a 6. a 7. b 8. a

GRAMÁTICA **Ejercicio 1** 1. nació 2. encontró 3. defendió 4. mató 5. huyó 6. se cambió 7. marcó 8. ofreció 9. luchó 10. logró 11. se declararon 12. reconoció 13. mandó 14. buscaron 15. pudieron 16. aceptó 17. estableció 18. terminó 19. fue 20. Fue 21. asesinaron **Ejercicio 2** 1. nací 2. encontré 3. defendí 4. maté 5. huí 6. me cambié 7. marcó 8. ofrecí 9. luché 10. logró 11. nos declaramos 12. reconoció 13. mandó 14. buscaron 15. pudieron 16. acepté 17. estableci 18. terminé 19. fui 20. Fue 21. asesinaron

LECCIÓN 22

Ideas para explorar **Tres grandes civilizaciones indígenas**

VOCABULARIO DEL TEMA **Ejercicio 2** 1. d 2. b 3. e 4. a 5. c **Ejercicio 3** 1. la democracia 2. Los guerreros 3. Los sacerdotes 4. Los agricultores 5. El emperador 6. Los corredores 7. Los mercaderes 8. Los esclavos 9. La teocracia 10. La federación

GRAMÁTICA **Ejercicio 1** *Answers will vary. Possible answers:* Antes del año 1995, Patricia Velásquez…
había estudiado ballet, ingeniería industrial y administración comercial.
había caminado en las pasarelas de los más famosos diseñadores.
había viajado por el mundo.
había tenido mucha suerte.
había dejado un novio en Madrid.
había trabajado para Karl Lagerfeld de Chanel.
había aparecido en la portada de la revista *Ragazza*.
había encontrado un grupo de gente que le da importancia a la mujer latina.
había representado la península de La Guajira en el concurso de Miss Venezuela.
había ganado el concurso de Miss Venezuela.
Ejercicio 2 1. i. habían ganado 2. g. habían ocupado 3. f. había inventado 4. e. había usado 5. h. habían construido 6. b. habían tenido 7. a. había sido 8. j. había conocido 9. c. había reciclado 10. d. habían vivido

Ideas para explorar **Perspectivas desde el Sur**

VOCABULARIO DEL TEMA **Ejercicio 2** 1. e 2. j 3. g 4. b 5. d 6. i 7. h 8. c 9. a 10. f **Ejercicio 3** 1. a 2. b 3. a 4. b 5. a 6. b 7. a 8. b 9. a 10. b

GRAMÁTICA **Ejercicio 1** *Paso 2* *Answers will vary. The appropriate verb forms are the following:* 1. viviría 2. aprendería a 3. compraría 4. viajaría a 5. sería 6. practicaría 7. conocería a 8. saldría con 9. tocaría 10. comería **Ejercicio 2** 1. preguntara 2. quisiera 3. asignara 4. encontraras 5. pudieras 6. contestara 7. ganaras 8. regalara 9. tuviera 10. viniera

Ideas para explorar **El contacto entre culturas**

VOCABULARIO DEL TEMA **Ejercicio 2** 1. e 2. g 3. c 4. a 5. i 6. h 7. b 8. d 9. f **Ejercicio 3** 1. oprimir 2. el encuentro 3. el pionero (la pionera) 4. el/la vidente 5. el descubrimiento 6. vitorear 7. el/la profeta 8. el explorador (la exploradora)

GRAMÁTICA **Ejercicio 1** *Answers will vary. Possible responses:* 1. ¿Quién toca a la puerta? 2. ¿Qué es ese plato? 3. ¿Cuántos años tiene Susana? 4. ¿Dónde está mi camisa verde? 5. ¿Cuánto cuesta ese auto? 6. ¿Qué tipo de música tocan los «Puercos Asesinos»? 7. ¿Qué programa miras? 8. ¿Quién es el chico con Elena? 9. ¿Qué hacen los obreros? 10. ¿De dónde vienen esas tazas? **Ejercicio 2** *Answers will vary. Possible responses:* 1. Mi profesor(a) tiene/tendrá ¿ ? años. 2. Hay/Habrá unos ¿ ? estudiantes en mi clase de español. 3. Hay/Habrá unos ¿ ? estudiantes en mi universidad. 4. Tengo/Tendré ¿ ? parientes. 5. Salgo/Saldré ¿ ? veces al mes con mis amigos. 6. Conozco/Conoceré ¿ ? personas de otros países. 7. Puedo/Podré correr ¿ ? kilómetros. 8. Una hora de crédito cuesta/costará ¿ ? dólares. 9. Puedo/Podré escribir ¿ ? palabras por minuto. 10. Están/Estarán representadas ¿ ? culturas distintas.

LECCIÓN 23

Ejercicio 1 1. c 2. e 3. a 4. f 5. b 6. d **Ejercicio 2** 1. c 2. a 3. b 4. c 5. c **Ejercicio 3** 1. alzar 2. repujado 3. fulgor 4. arder 5. escoltar

Unidad 6 Examen de práctica

I. VOCABULARIO **A.** a. 4 b. 9 c. 2 d. 7 e. 5 f. 3 g. 6 h. 1 i. 8 j. 10 **B.** 1. b 2. d 3. f 4. a 5. j 6. e 7. h 8. i 9. g 10. c **C.** 1. d 2. e 3. a 4. f 5. h 6. b 7. i 8. j 9. c 10. g

II. GRAMÁTICA **A.** 1. el = propósito 2. La = identidad 3. Las = palabras 4. los = estereotipos **B.** 1. encontraron 2. llegaron 3. había florecido 4. construyeron 5. había sido 6. se enfrentaron

7. favoreció 8. había crecido 9. habían establecido 10. aceptaron **C.** 1. dejarán 2. reestablecerá 3. devolverá 4. formarán **D.** 1. los, incas 2. los, mayas 3. les, aztecas **E.** 1. Aprendería, tuviera 2. fuera, tomaría 3. Aceptaría, pudiera 4. participaría, diera

IV. LITERATURA **A.** 1. N 2. B 3. N 4. N 5. B 6. N 7. N 8. B 9. B 10. N